Elogios ao *Além da Razão*

Vencedor do Prêmio de Excelência Concedido pelo Instituto Internacional para a Prevenção e Resolução de Conflitos

"Mestres da diplomacia e associados ao Harvard Negotiation Project, Fisher e Shapiro partem do *best-seller* anterior de Fisher (*Como chegar ao sim*, escrito em coautoria) para elaborar uma obra instrutiva e bem escrita sobre as emoções e relacionamentos imbricados em toda negociação."

—*Publishers Weekly*

"Esta é uma obra rara, elaborada e escrita de modo tão sofisticado que o leitor pode se surpreender ao facilmente enaltecer e concordar com as ideias expostas. O livro merece uma análise mais profunda e deve estar na biblioteca básica de todo negociador."

—*The Negotiator Magazine*

"Este livro traz um quadro excepcional e claro dos efeitos complexos que as emoções humanas exercem sobre a dinâmica social com o objetivo de aumentar o nível de civilidade e a eficácia das nossas interações, tanto em negociações quanto em jantares com amigos."

—Jerome Kagan, Universidade de Harvard

"Um guia indispensável para o 'mundo real'. Roger Fisher e Daniel Shapiro descrevem de modo brilhante um sistema metódico para canalizar emoções em uma direção construtiva. A Equipe de Negociação de Reféns do Departamento de Polícia de Nova York lida diariamente com decisões muito sensíveis. Com as habilidades citadas em **Além da Razão**, estabelecemos diálogos objetivos que solucionam a grande maioria das situações."

—Tenente Jack J. Cambria, comandante da Equipe de Negociação de Reféns do Departamento de Polícia de Nova York

"Neste livro de conteúdo claro e essencial, os autores destacam que boas negociações — tanto nos negócios quanto na vida pessoal — dependem essencialmente do respeito pelas outras pessoas e pelos próprios sentimentos."

—*USA Today*

"Como Procurador do Tribunal Penal Internacional, trabalho com os crimes mais graves do mundo. Nosso maior desafio é lidar com as emoções das pessoas e maximizar o impacto construtivo do trabalho. Com as ferramentas essenciais indicadas no *Além da Razão*, podemos resolver até mesmo os impasses mais graves."

—Luis Moreno-Ocampo, procurador-geral,
Tribunal Penal Internacional

"A sequência perfeita para o *Como chegar ao sim*, este livro é, ao mesmo tempo, profundo e acessível, e se baseia em diversas pesquisas e casos reais de negociação. Suas recomendações podem ser aplicadas em qualquer contexto — público, profissional ou pessoal, local ou internacional."

—Elise Boulding, Dartmouth College

"O *Além da Razão* veio na hora certa: é uma abordagem lúcida e sistemática à gestão emocional e descreve um tipo de inteligência prática que permite ao leitor entender, otimizar e aperfeiçoar suas negociações — e suas relações com outros seres humanos."

—Leonard L. Riskin, diretor do Centro para o Estudo de Resolução de Conflitos da Universidade de Missouri-Columbia

"O renascimento do interesse pelas emoções ampliou o impacto das pesquisas sobre cérebro e comportamento. O *Além da Razão* propõe uma nova perspectiva sobre esse tema ao mostrar como as emoções podem influenciar positiva e negativamente a forma como gerentes e outros negociadores tentam concretizar suas metas."

—Joseph LeDoux, autor de *O Cérebro Emocional* e *Synaptic Self*

"O *Além da Razão* sem dúvida expande o conteúdo do *Como chegar ao sim*, integrando a ideia de sofisticação emocional à abordagem clássica. Se o primeiro livro nos ensinou a criar valor em meio à montanha-russa emocional da negociação, o *Além da Razão* nos ensina a *converter* a montanha-russa, se não em um passeio de domingo, pelo menos em um trajeto bem mais previsível."

—*Negotiation Journal*

Além da RAZÃO

ROGER FISHER
coautor do best-seller *Como Chegar ao Sim*

&

DANIEL SHAPIRO
diretor associado do *Harvard Negotiation Project*

CONQUISTE SEUS OBJETIVOS E CONSOLIDE SEUS RELACIONAMENTOS

Além da RAZÃO

ALTA LIFE
EDITORA
Rio de Janeiro, 2019

Além da Razão - A Força da Emoção na Solução de Conflitos

Impresso no Brasil — 2019 — Edição revisada conforme o Acordo Ortográfico da Língua Portuguesa de 2009.

Publique seu livro com a Alta Books. Para mais informações envie um e-mail para autoria@altabooks.com.br

Obra disponível para venda corporativa e/ou personalizada. Para mais informações, fale com projetos@altabooks.com.br

Produção Editorial
Editora Alta Books

Gerência Editorial
Anderson Vieira

Produtor Editorial
Juliana de Oliveira
Thiê Alves

Assistente Editorial
Adriano Barros

Marketing Editorial
marketing@altabooks.com.br

Editor de Aquisição
José Rugeri
j.rugeri@altabooks.com.br

Vendas Atacado e Varejo
Daniele Fonseca
Viviane Paiva
comercial@altabooks.com.br

Ouvidoria
ouvidoria@altabooks.com.br

Equipe Editorial
Bianca Teodoro
Carolinne Oliveira
Ian Verçosa
Illysabelle Trajano
Keyciane Botelho
Larissa Lima
Laryssa Gomes
Leandro Lacerda
Livia Carvalho
Maria de Lourdes Borges
Paulo Gomes
Raquel Porto
Thales Silva
Thauan Gomes

Tradução
Igor Farias

Copidesque
Edite Siegert

Revisão Gramatical
Gabriella Araújo
Fernanda Lutfi

Diagramação
Lucia Quaresma

Capa
Bianca Teodoro

Dados Internacionais de Catalogação na Publicação (CIP) de acordo com ISBD

F529a Fischer, Roger

Além da razão / Roger Fischer e Daniel Shapiro ; traduzido por Igor Farias. - Rio de Janeiro : Alta Books, 2019.
256 p. ; 16cm x 23cm.

Tradução de: Beyond Reason
Inclui apêndice.
ISBN: 978-85-508-1065-2

1. Autoajuda. I. Shapiro, Daniel. II. Farias, Igor. III. Título.

2019-1791 CDD 158.1
CDU 159.947

Elaborado por Vagner Rodolfo da Silva - CRB-8/9410

ALTA BOOKS
EDITORA

Rua Viúva Cláudio, 291 — Bairro Industrial do Jacaré
CEP: 20970-031 — Rio de Janeiro - RJ
Tels.: (21) 3278-8069 / 3278-8419
www.altabooks.com.br — altabooks@altabooks.com.br
www.facebook.com/altabooks

ASSOCIADO CBL Câmara Brasileira do Livro

Para Carrie e Mia

COM MUITO AMOR

(e outras emoções positivas)

SOBRE OS AUTORES

Roger Fisher ensinou negociação na Harvard Law School, onde atuou como Samuel Williston Professor of Law Emeritus e diretor do Harvard Negotiation Project. Em seus quarenta anos de estudo, escrita e ensino sobre o tema, ele desenvolveu o conceito de negociação baseada em interesses e prestou consultoria em conflitos comerciais e internacionais. Além de assessorar os governos iraniano e norte-americano durante as negociações para a libertação dos diplomatas dos EUA em Teerã, ele colaborou no processo implementado com sucesso pelo presidente Carter nas negociações de Camp David entre o presidente Sadat, do Egito, e o primeiro-ministro Begin, de Israel. Na África do Sul, ele aconselhou o governo da minoria branca e o Comitê de Negociação do Congresso Nacional Africano antes das negociações constitucionais que levaram ao fim do apartheid. Além disso, atuou como assessor de três países da América Central em uma medida de pacificação regional anterior ao Tratado de Esquipulas II e colaborou com o presidente do Equador em um processo de negociação que resolveu uma longa disputa em torno da fronteira entre Equador e Peru.

Daniel Shapiro (Ph.D.), diretor associado do Harvard Negotiation Project, é professor da Harvard Law School e do departamento de psiquiatria da Harvard Medical School/McLean Hospital. Doutor em psicologia clínica e especialista em psicologia de negociação, ele coordena a International Negotiation Initiative, um projeto ligado à Harvard que desenvolve estratégias predominantemente psicológicas para reduzir os níveis de violência etnopolítica. Ele também atua como professor na Sloan School of Management, do Massachusetts Institute of Technology, e ensina negociação a executivos e diplomatas. Com grande experiência em questões internacionais, ele já colaborou na formação de membros do parlamento sérvio, negociadores do Oriente Médio, políticos macedônios e altos funcionários dos EUA. Durante a guerra da Bósnia, ele promoveu cursos sobre gestão de conflitos na Croácia e na Sérvia. Com financiamento da Soros Foundation, ele desenvolveu um programa de gerenciamento de conflitos que agora alcança quase 1 milhão de pessoas em 25 países.

- Visite o site www.beyond-reason.net [conteúdo em inglês] para conferir notícias e resenhas, um gráfico gratuito para ajudá-lo em suas negociações, técnicas práticas de aprendizado e recursos para ensinar as ideias de *Além da Razão* a alunos, clientes e ao público em geral.
- Se tiver dúvidas e comentários, ou quiser saber mais sobre palestras e consultorias, entre em contato com os autores pelo e-mail rogeranddan@beyond-reason.net.
- Para saber mais sobre o Harvard Negotiation Project, visite www.pon.Harvard.edu/hnp [conteúdo em inglês].

Sumário

Sumário Detalhado

Agradecimentos

A cada dia, escrever este livro era como embarcar em uma aventura repleta de companheirismo. Nossos colegas do Harvard Negotiation Project foram indispensáveis. Bruce Patton, Sheila Heen e Doug Stone passaram horas conversando conosco, contestando nossas ideias e fazendo sugestões baseadas na obra *Conversas Difíceis: Como Argumentar sobre Questões Importantes*.

Linda Kluz, assistente administrativa no Harvard Negotiation Project, dedicou muitas horas ao desenvolvimento desse projeto, preservando nossa sanidade à medida que se esgotavam os prazos estabelecidos.

Tivemos a honra de dispor do Program on Negotiation (PON), ligado à Harvard Law School, como base profissional. Bob Mnookin, professor da Harvard Law School e diretor do PON, é um entusiasta de iniciativas inovadoras como a nossa. Ele propôs ótimas sugestões e foi fundamental para o sucesso do nosso curso na Harvard Law School, "Negotiation: Dealing with Emotions" [Negociação: Lidando com Emoções, em tradução livre]. Obrigado, Bob. E também agradecemos à reitora Elena Kagan pelo apoio da Harvard Law School ao nosso estudo sobre a dimensão emocional da negociação.

Outros colegas e amigos do PON apresentaram boas ideias e sugestões. Gostaríamos de agradecer às seguintes pessoas (em ordem alfabética): Max Bazerman, professor da Harvard Business School, que nos desafiou intelectualmente desde o início e nos ajudou a definir a estrutura da obra; Eric Berger, da Kennedy School of Government, com quem passamos muitas horas analisando ideias; Bob Bordone, professor da Harvard Law School (e um extraordinário palestrante), que tem sido uma fonte diária de incentivo, inspiração e amizade; Bill Breslin, ex-editor do *Negotiation Journal*; Sara Cobb, que merece nossa eterna gratidão por ter apoiado este projeto desde o início, quando era diretora-executiva do PON; Jared Curhan, professor-assistente na Sloan School of Management, do MIT, por sua cooperação e pela pesquisa inovadora sobre o "valor subjetivo"; e Ehud Eiran, especialista em política israelense, pelas sugestões que basearam o exemplo de Camp David, mencionado no Capítulo 1.

Também gostaríamos de agradecer a outros colegas do PON, como Susan Hackley, diretora administrativa do PON, que tem sido uma fonte diária de inspiração e sabedoria; James Kerwin, diretor-assistente do PON, pelas ótimas sessões de brainstorming; Astrid Kleinhanns, ex-pesquisadora do PON; Tom Kochan, professor do MIT Sloan; Debbie Kolb, professora da Simmons University, pelos excelentes estudos sobre negociação; Melissa Manwaring, diretora de desenvolvimento de grade curricular do PON, por suas sugestões criativas e seu companheirismo; Howard Raiffa, professor emérito de Harvard, que merece nossa gratidão pelo pioneirismo no estudo da negociação; Mary Rowe, ombudsperson do MIT e professora-adjunta de negociação, que já ministrava cursos sobre inteligência emocional no MIT Sloan muito antes de o termo ser cunhado; Bob McKersie, professor emérito do MIT Sloan, cujos conhecimentos foram essenciais ao exemplo da negociação trabalhista que citamos em *Além da Razão*; e Jeswald Salacuse, professor da Fletcher School of Law and Diplomacy, da Universidade Tufts, pelas conversas na hora do almoço sobre o ensino da dimensão interpessoal da negociação.

Do corpo docente do PON, também gostaríamos de agradecer a Frank Sander, professor da Harvard Law School, por suas perguntas instigantes; Jim Sebenius, professor da Harvard Business School, cujas ideias sobre sequenciamento de negociações influenciaram nossa abordagem à preparação, citada no Capítulo 9; Larry Susskind, professor do MIT, por seu apoio e pelas ideias sobre negociação; Liz Tippett, cuja mesa fica ao lado das nossas salas: obrigado por aturar diariamente nossos diversos pedidos e pelas respostas sempre bem articuladas; Mike Wheeler, professor da Harvard Business School, cujos estudos sobre improvisação e negociação foram uma grande inspiração para nós; Bill Ury, diretor do Global Negotiation Project, que tem uma visão semelhante à nossa sobre como fazer a diferença no mundo; e Josh Weiss, diretor associado do Global Negotiation Project, pelas inúmeras respostas aos nossos questionamentos.

Nosso agradecimento especial aos participantes e organizadores do Dispute Resolution Forum, realizado mensalmente na Harvard Law School, bem como à equipe do PON: Rob Bosso, Ed Hillis, Nancy Lawton, Ron Monteverde, Adam Motenko, Nancy Waters e Kim Wright. Vocês são o espírito do PON.

Muitos psicólogos deram contribuições cruciais para o desenvolvimento do *Além da Razão*. A obra de Keith Allred, professor-associado da Kennedy School of Government e um colega do PON, foi fundamental para nós. Susan Fiske, professora da Universidade de Princeton, ajudou Dan a elaborar sua pesquisa empírica sobre a função das emoções na negociação. Kimberlyn Leary, diretora do setor de psicologia do Cambridge Hospital/Harvard Medical School e uma colega do PON, tem uma ótima visão sobre o "funcionamento" da vida emocional das pessoas e imprimiu uma estrita abordagem psicanalítica à sua contribuição. Phil Levendusky, diretor do setor de psicologia do McLean Hospital/Harvard Medical School, é um negociador nato, e suas sugestões se basearam na psicologia comportamental cognitiva. Steve Nisenbaum, psicólogo sênior do Massachusetts General Hospital e professor da Harvard Medical School, é uma lenda viva da mediação no estado e nos brindou com suas ideias bem articuladas e sua amizade calorosa. Bruce Shackleton, outro membro do corpo docente da Harvard Medical School, nos apresentou diversas ideias sobre a função das emoções na negociação.

Além disso, poucas pessoas no mundo poderiam oferecer um feedback como os de Hal Movius, do Consensus Building Institute, e Rebecca Wolfe, da Universidade de Princeton; especialistas em teorias das emoções e da negociação, eles apontaram áreas importantes que precisavam ser revisadas e referenciadas neste livro.

Queremos agradecer a Howard Gardner, professor da School of Education, de Harvard, com quem discutimos as conexões entre nossas teorias. Jerome Kagan, do Departamento de Psicologia de Harvard, nos apresentou suas ideias para uma definição das emoções. Nosso agradecimento especial aos colegas romenos Ruxandra Tudose e Veronica Bogorin, especialistas em saúde mental. Lembramos com carinho das conversas que tivemos com vocês e seus colegas da Universidade Babes-Bolyai e integramos muitas das suas sugestões neste livro.

As versões preliminares desta obra foram analisadas por colegas que promovem cursos sobre negociação e liderança nos setores público e privado. Ueli Egger e Frits Philips, antigos colegas, deram ótimas contribuições, baseadas em sua experiência como importantes consultores de negociação na Europa. Mark Gordon, sócio da Vantage Partners (uma empresa de consultoria em negociação), foi tremendamente prestativo, apesar da sua movimentada agenda de viagens, e gentilmente nos emprestou o conceito do "Sistema de Baldes", que citamos no Capítulo 5. John Richardson, um antigo colega do Harvard Negotiation Project, nunca vacilou em propor novas abordagens para nossas ideias e explicar premissas implícitas. Tom Schaub, da CMPartners, analisou minuciosamente uma versão preliminar deste livro com base em seus muitos anos prestando consultoria em resolução de conflitos e nos ajudou a delinear melhor alguns termos; Jim Tull também contribuiu com seus anos de experiência internacional como consultor de negociação. Wayne Davis colaborou apontando informações que basearam o exemplo em que citamos a Resolução 242 das Nações Unidas. O perspicaz Marty Linsky, da Kennedy School of Government, de Harvard, leu versões do manuscrito e nos deu conselhos sobre como esclarecer as ideias apresentadas.

Nos últimos anos, oferecemos um curso na Harvard Law School com base nos conceitos que elaboramos neste livro. Esperamos que nossos alunos tenham aprendido tanto quanto nos ensinaram. Também agradecemos o feedback dos alunos e dos professores-assistentes dos cursos de negociação organizados por Dan na Sloan School of Management, no Massachusetts Institute of Technology.

Ficamos impressionados com a dedicação e o talento intelectual dos estudantes que atuaram como nossos assistentes de pesquisa. Apesar da demanda altíssima que precisavam encarar em Harvard, eles conseguiram dedicar muitas horas e entusiasmo ao nosso projeto, indo muito além do esperado. Obrigado Maria Anzorreguy, David Baharvar, Shana Becker, Brooke Clayton, Susie Goodman, Emily Howard, Audrey Lee, Joe Nuccio, Catherine O'Gorman, Hansel Pham, Zoe Segal-Reichlin, Emma Waring e Hanna Weiss.

Além dos já citados, muitos outros colaboraram com o desenvolvimento deste livro. Aprendemos com Michael Cohen, da Harvard Medical School, Marjorie Corman Aaron, da Law School da Universidade de Cincinnati, Jeff Francois, da Kennedy School of Government, Clark Freshman, da Universidade de Miami, Clare King, da Universidade Johns Hopkins, Rajesh Kumar, da Escola de Negócios de Aarhus, na Dinamarca, Liz Lorant, do Open Society

Institute, Michael Moffitt, da School of Law da Universidade do Oregon, Michele Williams, do MIT Sloan, e Craig Zelizer, da Alliance for Conflict Transformation. Mopsy Kennedy ajudou a criar o título do livro. Tim Gearan providenciou o fundo musical das noites de segunda, ao som do qual boa parte deste livro foi escrita. Um cliente anônimo da Lobel, Novins & Lamont financiou parte do nosso trabalho com a esperança de que ele venha a contribuir com soluções pacíficas para os conflitos.

Queremos agradecer especialmente a Jamil Mahuad, ex-presidente do Equador, por contribuir com o capítulo final deste livro.

Shannon Quinn, a ex-editora do *Negotiation Journal* e a indispensável editora deste livro, atuou junto conosco para aperfeiçoar o texto e suavizar a linguagem. Suas orientações podem ter aumentado as dificuldades para os autores, mas, sem dúvida, facilitaram a vida dos leitores. Os editores da Viking Penguin fizeram comentários em quase todas as páginas a fim de facilitar a leitura do texto. Rick Kot, Jane von Mehren e Alessandra Lusardi colaboraram com sua inteligência e ótima edição. Foi um prazer trabalhar com eles e com nossos agentes — Andrew Wylie e Sarah Chalfant —, que cuidaram de tudo para que pudéssemos nos concentrar em escrever este livro.

Tivemos a grande dádiva de receber o apoio entusiasmado das nossas famílias nesta empreitada autoral. Elizabeth Sealey colaborou com sua experiência em negócios. Susan Dole compartilhou seu conhecimento sobre conflitos trabalhistas. E Susan e Ron Shapiro leram cada versão, ofereceram feedback e foram os pais mais dedicados e afetuosos que alguém poderia querer.

Não podemos deixar de expressar a enorme gratidão que dedicamos às nossas esposas, Carrie Fisher e Mia Shapiro. Escrever um livro didático sobre emoções não é apenas um exercício intelectual. É uma experiência vivenciada. Enquanto desenvolvíamos prescrições, muitas vezes as testávamos em negociações com elas. Aprendemos muito e somos gratos pela paciência e pelo apoio.

—Roger e Dan
Cambridge, Massachusetts

Introdução

Não podemos parar nossas emoções
como não podemos parar nossos pensamentos.
Nosso desafio é aprender a encorajar emoções proveitosas
nas pessoas com quem negociamos — e em nós mesmos.

Você negocia todos os dias: ao escolher um restaurante para jantar, ao definir o valor que pagará por uma bicicleta usada, ao demitir um empregado. E você sente emoções o tempo todo, tanto positivas (como alegria e satisfação) quanto negativas (como raiva, frustração e culpa).

Ao negociar com outras pessoas, como você deve lidar com essas emoções — as delas e as suas? Por mais que você tente ignorá-las, as emoções não desaparecerão. Elas podem ser um fator de distração, provocar tristeza e arruinar um contrato, ou desviar sua atenção de uma questão importante e urgente. No entanto, em negociações formais e informais, há muitos fatores a serem analisados, e não é possível avaliar todas as emoções, as suas e as das outras pessoas, para se chegar a uma decisão pertinente. Já é bem difícil administrar as suas próprias emoções.

O *Além da Razão* propõe uma forma de lidar com esse problema. Você aprenderá uma estratégia para gerar emoções positivas e administrar as negativas. Suas emoções e as das outras pessoas não estarão mais no controle, tornando suas negociações mais fluidas e eficazes. Essa eficiente estratégia pode ser aplicada até nas negociações mais complexas — com um colega difícil, com um cliente complicado ou com sua esposa ou esposo.

Como o *Além da Razão* trata de emoções, nós (Roger e Dan) incluímos uma dimensão pessoal no texto. Descrevemos vários exemplos tirados das nossas vidas e dos nossos muitos anos de experiência com negociação. Ao longo desse período, desenvolvemos teorias diferentes e preparamos pessoas de todas as classes sociais, de negociadores do Oriente Médio a casais, de executivos a universitários.

Este livro é produto das nossas pesquisas e do nosso aprendizado. Ele desenvolve o conteúdo de *Como chegar ao sim: Como negociar acordos sem fazer concessões*, a obra coescrita por Roger que se tornou a base do processo de *negociação baseada em interesses*, amplamente utilizado hoje em dia. Nesse processo, os negociadores obtêm os melhores resultados quando compreendem os interesses uns dos outros e colaboram para produzir um acordo que atenda a esses interesses da melhor maneira possível. (Para mais informações, veja os Sete Elementos da Negociação no Capítulo de Conclusão.) Mas muitas críticas apontaram que, embora a mensagem do *Como chegar ao sim* fosse eficaz, a obra quase não explicava como lidar com emoções e problemas de relacionamento em negociações difíceis. Esta é nossa tentativa de abordar esses pontos com maior profundidade.

Este livro não teria sido possível sem a contribuição do professor Jerome D. Frank, já falecido, que nos apresentou. Sua intuição lhe sugeriu uma possível sinergia entre "um negociador interessado em psicologia" e "um psicólogo interessado em negociação". Ele tinha razão, e aqui gostaríamos de agradecê-lo.

Trabalhamos juntos neste livro ao longo de cinco anos. Demoramos bem mais do que o previsto, em parte porque gostamos muito de conversar e aprender um com o outro. Agora entendemos muito mais sobre a dinâmica emocional da negociação do que sabíamos individualmente há alguns anos.

Neste livro, queremos transmitir aos leitores parte do nosso entusiasmo com essas ideias.

I

O Panorama da Situação

CAPÍTULO 1

As Emoções São Sempre Intensas, Presentes e Difíceis de Controlar

Um cliente em potencial ameaça desistir pouco antes da assinatura do contrato final. O revendedor diz que a garantia não cobre os problemas no motor do seu carro novo. Sua filha de 11 anos declara que nada a fará usar um casaco para ir à escola nesta manhã fria de fevereiro.

Em momentos como esses, quando a pressão sanguínea aumenta e a ansiedade começa a despontar, dicas racionais sobre negociação parecem irrelevantes. Por mais positivo e razoável que você queira ser, talvez se surpreenda dizendo:

> "Não faça isso comigo. Se você não fechar o negócio, vou perder o meu emprego."
>
> "Que palhaçada é essa? Conserte logo o motor ou vamos resolver isso em um tribunal."
>
> "Mocinha, você vai pôr o casaco querendo ou não. Agora!"

Por outro lado, talvez você não expresse suas emoções no momento e fique o dia inteiro nervoso com isso. Quando sua chefe lhe pede para terminar algo que ela não conseguiu fazer, você topa, mas fica o fim de semana todo irritado, pensando em pedir demissão? Expressas ou não, suas emoções podem controlá-lo. Suas ações podem pôr em risco o acordo, prejudicar seus relacionamentos ou custar muito caro.

A negociação é um processo que envolve sua mente e seus instintos — razão e emoção. Neste livro, ensinamos os leitores a lidarem com as emoções. A negociação é muito mais do que uma articulação racional. Seres humanos não são computadores. Além de ter interesses substantivos, você faz parte da negociação. Suas emoções e as das outras pessoas estão em jogo.

O QUE É UMA EMOÇÃO?

Segundo os psicólogos Fehr e Russell, "todos sabem o que é uma emoção até precisarem defini-la. A partir daí, ninguém mais sabe". Em seu sentido mais corrente, uma emoção é uma experiência vivenciada no plano dos sentimentos. *Sentimos* uma emoção; ela não é só um pensamento. Diante de palavras ou gestos pessoalmente relevantes, suas emoções reagem, em geral, com pensamentos, mudanças fisiológicas e um desejo de *fazer* algo. Quando um novato lhe aconselha tomar notas em uma reunião, você pode ficar irritado e pensar: "Quem *ele* pensa que é para me dizer o que fazer?" Sua fisiologia muda com o aumento da pressão arterial, e você sente vontade de insultá-lo.

As emoções podem ser positivas ou negativas. Uma emoção positiva é percebida como gratificante no plano pessoal. Orgulho, esperança, alívio; emoções positivas são boas. Em uma negociação, uma emoção positiva em relação à outra pessoa provavelmente criará uma *ligação*, um relacionamento caracterizado por boa vontade, compreensão e uma sensação de empatia. Por outro lado, raiva, frustração e outras emoções negativas são pessoalmente incômodas e menos viáveis para estabelecer uma ligação.[1]

Este livro explica como aproveitar emoções positivas para fechar acordos inteligentes. Neste capítulo, descrevemos os principais obstáculos à gestão das emoções — tanto das suas quanto das outras pessoas. Os capítulos a seguir apresentam uma plataforma prática para a superação desses obstáculos. Não é necessário revelar suas emoções mais íntimas nem manipular ninguém. Em vez disso, nossa plataforma propõe ideias práticas para a gestão das emoções. Você pode implementá-la agora mesmo.

---

1 Como estratégia geral, as emoções positivas são mais viáveis do que as emoções negativas para estabelecer ligações e colaborações em uma negociação. No entanto, taticamente, até mesmo a raiva (uma emoção negativa) pode levar duas pessoas a resolverem suas diferenças e voltarem a cooperar. E, sem dúvida, sentimentos negativos como a tristeza podem aproximar as pessoas que os compartilham.

AS EMOÇÕES PODEM DIFICULTAR A NEGOCIAÇÃO

Ninguém é imune à realidade das emoções, que podem acabar com toda possibilidade de um acordo inteligente. Podem transformar um relacionamento amigável em uma rivalidade eterna, prejudicial a todos. Podem minar as expectativas de uma resolução justa. Por que as emoções são tão problemáticas?

Elas podem desviar a atenção de temas importantes. Em caso de frustração, você ou a outra pessoa terão que lidar com a confusão das emoções. O que fazer? Sair da sala? Pedir desculpas? Sentar e ruminar o nervosismo em silêncio? Nesse caso, seu foco passa a ser se proteger e atacar em vez de fechar um acordo satisfatório.

Elas podem prejudicar os relacionamentos. Emoções sem limites costumam ser boas em casos de amor. Mas, em negociações, elas reduzem sua capacidade de agir com inteligência. Emoções fortes podem perturbar seu raciocínio e suas interações. Com raiva, você pode interromper a fala infindável de um colega antes de ele sugerir um acordo viável para os dois. E, por ressentimento, ele pode retaliar, ficando em silêncio quando você precisar do apoio dele.

Elas podem deixá-lo vulnerável a investidas. Quando vacilamos diante da proposta do outro negociador, e hesitamos ao manifestar nossos interesses, esses sinais indicam nossas "verdadeiras" vulnerabilidades e intenções. Observadores atentos às suas reações emocionais podem captar a importância que você atribui a propostas, situações e relacionamentos e usar essas informações em jogadas ofensivas.

Diante desses possíveis efeitos das emoções, não surpreende que o negociador seja quase sempre aconselhado a evitá-las totalmente.

AS EMOÇÕES PODEM SER UM EXCELENTE RECURSO

Embora as emoções sejam vistas, em geral, como obstáculos — e com razão —, elas também podem ser um grande ativo. Podemos utilizá-las na concretização do objetivo da negociação, definindo vias criativas para satisfazer interesses ou otimizar um relacionamento complicado.

O presidente Carter recorreu ao poder das emoções durante as históricas negociações de paz entre Israel e Egito. Ele convidou o primeiro-ministro israelense Menachem Begin e o presidente egípcio Anwar Sadat para Camp David. Seu objetivo era ajudar os dois líderes a negociarem um acordo de paz, mas, depois de treze longos dias, o processo de negociação estava prestes a desmoronar. Os israelenses viam poucas vantagens em um acordo.

Àquela altura, Carter já tinha investido muito tempo e energia no processo. Ele podia facilmente expressar sua frustração e persuadir Begin a aceitar a última proposta para não "encarar as consequências". Mas, com essa abordagem antagônica, talvez Begin abandonasse completamente as negociações, podendo prejudicar o relacionamento pessoal entre os dois líderes.

Em vez disso, Carter fez um gesto que teve um impacto emocional significativo. Begin pedira fotos autografadas de Carter e Sadat para dar aos netos. Carter personalizou cada foto com o nome de um neto de Begin. Durante o impasse, Carter deu a Begin as fotografias. Begin viu o nome da neta na primeira fotografia e falou seu nome em voz alta. Seus lábios tremeram. Ele pegou cada fotografia e disse o nome dos seus netos. Ele e Carter conversaram calmamente sobre netos e sobre a guerra. Esse foi o ponto de virada da negociação. Mais tarde, naquele mesmo dia, Begin, Sadat e Carter assinaram o acordo de Camp David.

O debate franco entre Carter e Begin não teria ocorrido se o relacionamento deles fosse ruim. Begin conversou com Carter sobre temas difíceis sem se opor nem abandonar o local. As emoções positivas viabilizaram uma conversa amistosa sobre divergências graves.

Essa base não saiu do nada. Foi fruto de um trabalho honesto. Carter e Begin começaram a estabelecer uma ligação na sua primeira reunião, mais de um ano antes da negociação. Carter marcou uma reunião com o primeiro-ministro israelense na Casa Branca a fim de ter uma conversa, franca e a portas fechadas, sobre o conflito no Oriente Médio. Meses depois, Carter e sua esposa convidaram Begin e a esposa dele para um jantar privado; na ocasião, falaram sobre suas vidas, inclusive sobre a morte dos pais e do único irmão de Begin durante o Holocausto. Algum tempo depois, já na negociação de Camp David, Carter demonstrou preocupação com o bem-estar das duas partes. Por exemplo, antes de Begin encontrar Sadat pela primeira vez em Camp David, Carter avisou a Begin que Sadat apresentaria uma proposta agressiva e desaconselhou reações precipitadas.

Carter não queria que a negociação fracassasse; Begin e Sadat também não. Ali, todos tinham interesse em "vencer". As emoções positivas entre Carter e os líderes viabilizaram os avanços na negociação.

Tanto nas negociações internacionais quanto nas cotidianas, as emoções positivas são essenciais, porque trazem três benefícios importantes.

As emoções positivas facilitam a concretização dos interesses substantivos. Elas mitigam o medo e a desconfiança das outras pessoas e transformam adversários em colegas. Quando colaboramos na resolução dos problemas, ficamos menos receosos. Testamos novas ideias sem medo de ataques.

As emoções positivas são fatores de motivação. A eficiência do processo aumenta quando os envolvidos trabalham juntos e com maior comprometimento emocional. Você fica mais aberto a ouvir e a conhecer os interesses da outra parte, o que possibilita um resultado mais satisfatório para todos e, portanto, um acordo mais estável ao longo do tempo.

As emoções positivas otimizam relacionamentos. Elas trazem a satisfação característica das interações pessoais e permitem aproveitar a experiência da negociação e um senso de companheirismo. Conversamos confortavelmente sem receio de ataques pessoais.

Esse companheirismo também serve como uma rede de segurança que nos permite divergir uns dos outros, pois sabemos que, mesmo que o clima fique tenso, os envolvidos estarão lá amanhã para lidar com a situação.

As emoções positivas não aumentam necessariamente sua vulnerabilidade a investidas hostis. Embora elas ajudem a produzir acordos mutuamente satisfatórios, você corre o risco de se sentir tão à vontade a ponto de fazer concessões insensatas e agir com confiança excessiva. Não recomendamos inibir emoções positivas, mas use sua razão e sua intuição antes de tomar decisões. Antes de se comprometer com um acordo, avalie se ele atende aos seus interesses. Estabeleça padrões de equidade. Em uma negociação, determine cada alternativa para o acordo e use essas informações com inteligência.

A Tabela 1 compara os efeitos das emoções positivas e negativas em uma negociação, com base nos sete elementos principais do processo de negociação indicados no Capítulo de Conclusão.

TABELA 1

EFEITOS COMUNS DE ALGUMAS EMOÇÕES

Elementos de Negociação	Características de Emoções Negativas	Características de Emoções Positivas
Relacionamento	Uma relação tensa e marcada pela desconfiança	Uma relação operacional e baseada em cooperação
Comunicação	Comunicação limitada e marcada por antagonismo	Comunicação aberta, fácil e interativa
Interesses	Interesses ignorados; foco em exigências extremas; nenhuma ou algumas concessões depois de muita resistência	Diálogo aberto sobre os interesses e desejos dos envolvidos
Opções	Duas opções: a nossa ou a deles	Criação de muitas opções viáveis para atender aos interesses de todos
	Dúvidas sobre opções que possibilitem benefício mútuo	Otimismo com relação ao potencial de criação de opções mutuamente benéficas através de trabalho duro
Legitimidade	Um conflito de vaidades para determinar por que estamos certos e por que eles estão errados	Uso de persuasão criteriosa para indicar por que uma opção é mais oportuna que outra
	Receio de ser "passado para trás"	Sensação de justiça
MAAN (*Melhor Alternativa a um Acordo Negociado*)	Rejeição de um acordo viável mesmo quando nossa MAAN é pior	Compromisso com o melhor acordo possível desde que seja melhor do que nossa MAAN

Elementos de Negociação	Características de Emoções Negativas	Características de Emoções Positivas
Compromissos	Sem acordo; compromissos confusos ou inviáveis Arrependimento pelo acordo (ou pela recusa em fechá-lo)	Obrigações bem formuladas, com indicações claras, operacionais e realistas Satisfação, apoio e defesa do acordo

GESTÃO DE EMOÇÕES: TRÊS ABORDAGENS INEFICAZES

Mesmo sabendo que as emoções podem prejudicar e ajudar na negociação, ainda não aprendemos muito bem a lidar com elas. Como podemos aproveitá-las? Algumas sugestões comuns para negociadores são: parem de sentir, ignorem ou encarem suas emoções de frente. Nenhuma dessas opções funciona.

Parar de Sentir Emoções? Impossível.

Parar de sentir emoções é tão impossível quanto parar de pensar. Você está sempre sentindo algum grau de felicidade ou tristeza, entusiasmo ou frustração, isolamento ou envolvimento, dor ou prazer. Não podemos ativar e desativar as emoções como se tivéssemos um interruptor.

Vamos conferir o caso de "Michele", uma pesquisadora que acabou de receber uma oferta de emprego de uma grande empresa farmacêutica. Inicialmente, ela ficou animada com o salário — até saber que dois recém-contratados ganhavam mais. Ela ficou decepcionada e confusa, pois achava que sua formação e experiência eram muito superiores.

Michele resolveu negociar um salário maior. Ao ser questionada sobre sua estratégia de negociação, ela disse: "Pretendo negociar 'racionalmente'. Nenhuma emoção vai se infiltrar na conversa. Só quero falar de 'números'." Para persuadir o executivo da empresa, ela apontou que merecia um salário semelhante à remuneração dos funcionários do nível dela. Era uma boa abordagem, baseada em princípios, mas, infelizmente, a negociação não deu certo. Ela não parou de sentir emoções durante o processo, mesmo achando que tudo estava sob controle.

Segundo Michele: "Minha voz assumiu um tom mais ríspido do que o normal. Eu não queria isso, mas foi o que ocorreu. Estava frustrada porque a empresa tinha me oferecido um salário menor do que os dos dois recém--contratados. O negociador da empresa interpretou minhas críticas como exigências. Fiquei surpresa quando ele disse que se recusava a ser pressionado por aumentos, sobretudo por uma novata. Eu não estava querendo coagi-lo, mas não consegui desligar minhas emoções como esperava."

Na maioria dos casos, os negociadores seriam insensatos se desligassem suas emoções, mesmo se isso fosse possível. Bloquear as emoções dificulta ainda mais o seu trabalho em vez de facilitá-lo. As emoções lhe transmitem informações sobre a importância relativa das coisas. Elas focam itens importantes no plano pessoal, como respeito e estabilidade no emprego. As emoções também indicam o que as outras pessoas acham importante. Quando uma pessoa comunica um interesse com grande entusiasmo, você presume que ele é importante. Em vez de passar dias a fio tentando entender os interesses e as prioridades das outras pessoas, você economiza tempo e energia ao extrair o possível das suas emoções.

Ignorar as Emoções? Não dá certo.

Ignorar as emoções é um tiro no escuro. Elas sempre estão presentes e influenciam sua experiência. Você pode tentar ignorá-las, mas elas não o ignorarão. Em uma negociação, às vezes você percebe muito pouco a importância dos efeitos das emoções sobre seu corpo, seu raciocínio e seu comportamento.

As emoções atuam sobre seu corpo. Elas impactam diretamente sua fisiologia, causando transpiração, rubor, sorrisos e frio na barriga. Você pode controlar a expressão de uma emoção depois de senti-la, talvez segurar um sorriso de animação e um choro de decepção, mas seu corpo ainda passa por mudanças fisiológicas. Suprimir emoções tem um preço, pois uma emoção reprimida continua atuando sobre seu corpo. A emoção, negativa ou positiva, pode gerar um estresse interno bastante distrativo e dificultar o foco em questões substantivas.

As emoções atuam sobre seus pensamentos. Quando você sente frustração e raiva, sua cabeça se enche de pensamentos negativos. Você se critica e culpa outras pessoas. O cérebro acaba priorizando os pensamentos negativos em vez de aprendizado, raciocínio e memória. De fato, alguns negociadores ficam tão imersos em emoções e pensamentos negativos que não conseguem nem ouvir as importantes concessões feitas pelos demais envolvidos no processo.

Por outro lado, quando você sente emoções positivas, seus pensamentos focam ideias e boas opções para você e para as outras pessoas. Com pouco receio de sofrer investidas, seu raciocínio fica mais aberto, criativo e flexível. Sua tendência não é rejeitar ideias, mas inventar opções viáveis.

As emoções atuam sobre seu comportamento. Praticamente todas as emoções motivam ações. Se você for extrovertido, talvez sinta um impulso físico de abraçar as outras pessoas. Se estiver com raiva, pode sentir vontade de bater nelas.

Geralmente, você consegue se conter antes de executar uma ação lamentável. Mas, quando sentimos uma emoção forte, nossa faculdade de raciocinar criteriosamente desacelera e nos sentimos impotentes diante da emoção. Nesses momentos, a capacidade de censurar os pensamentos e avaliar possíveis ações fica gravemente limitada. Você então diz e faz coisas das quais se arrepende depois.

Encarar as Emoções de Frente? É complicado.

Em geral, recomenda-se que os negociadores fiquem atentos às emoções (deles e das outras pessoas) e as encarem de frente. Há pessoas que têm um talento natural para lidar diretamente com emoções, e a maioria pode melhorar seu desempenho nessa área. Se um negociador fica irritado constantemente, por exemplo, ele pode desenvolver habilidades para identificar e administrar essa raiva.

No entanto, mesmo para um psicólogo ou psiquiatra qualificado, é assustador encarar emoções de frente no momento em que elas ocorrem. E lidar diretamente com as emoções é especialmente complexo em negociações, que exigem tempo para a avaliação de opiniões divergentes sobre questões substantivas e sobre o processo de trabalho coletivo. Às vezes, parece que você está andando de bicicleta, fazendo malabarismo e falando em um celular, tudo ao mesmo tempo.

Encarar cada emoção de frente, quando ela ocorre, é muito trabalhoso. Em uma negociação, é preciso identificar traços de emoções em si e nos outros o tempo todo. Você está suando? Eles estão de braços cruzados? Você tem que deduzir as muitas emoções específicas sentidas por você e pelas outras pessoas. (Confira a lista de estados emocionais na Tabela 2 a seguir; pense no tempo necessário para ler essa lista e no tempo necessário para identificar as suas emoções e as das outras pessoas.) Você tem que bolar palpites fundamentados sobre as possíveis causas, que podem ser diversas e pouco claras. A outra pessoa está chateada por conta de algo que você disse — ou por causa de uma briga familiar que teve esta manhã?

TABELA 2

ESTADOS EMOCIONAIS

Emoções Positivas	Emoções Negativas
Animado	Culpado
Contente	Envergonhado
Satisfeito	Humilhado
Entusiasmado	Constrangido
Alegre	Arrependido
Jovial	
Encantado	Invejoso
Extasiado	Ganancioso
	Aborrecido
Orgulhoso	Ressentido
Bem-disposto	Desdenhoso
Feliz	
Exultante	Impaciente

Emoções Positivas	Emoções Negativas
Empolgado	Irritado
Radiante	Zangado
Efusivo	Furioso
	Revoltado
Aliviado	
Tranquilo	Intimidado
Sossegado	Preocupado
Relaxado	Surpreso
Paciente	Temeroso
Sereno	Apavorado
Calmo	Horrorizado
Otimista	Triste
Impressionado	Pessimista
Maravilhado	Desalentado
	Inconsolável

Você tem que definir uma conduta, seguir essa linha de ação e, em seguida, avaliar o impacto emocional desse comportamento em si e na outra pessoa. Se observar emoções negativas e fortes, elas muito provavelmente se intensificarão bem rápido.

As emoções costumam ser contagiosas. Mesmo que você converta sua frustração em interesse ativo, a outra pessoa provavelmente continuará reagindo à sua indignação de alguns minutos atrás. O impacto de uma emoção negativa perdura por muito tempo depois de ela ter passado. Se a emoção for forte e problemática, você correrá um grande risco de perder o controle.

É daí que vem a pergunta central deste livro: Como o negociador deve lidar com as emoções interativas, essenciais e dinâmicas dos envolvidos no processo? Como não é realista adotar uma postura de observar, compreender e encarar essas emoções de frente no momento em que elas ocorrem, qual é a melhor reação possível?

UMA ALTERNATIVA: FOCO NOS PRINCIPAIS INTERESSES

Neste livro, os negociadores — ou seja, todos os leitores — encontrarão uma plataforma eficiente para lidar com as emoções. Querendo ou não, as emoções *interferem* na negociação. Mas, como veremos nos próximos capítulos, você pode evitar reações diante de dezenas de emoções em constante oscilação e direcionar sua atenção para cinco principais interesses, responsáveis por muitas ou pela maioria das emoções em uma negociação. Esses interesses formam o núcleo de muitos desafios emocionais encarados pelos negociadores. Em vez de se sentir impotente diante dessas sensações, você aprenderá a estimular emoções positivas e superar as negativas.

CAPÍTULO 2

Trabalhe com o Interesse, Não com a Emoção

Em vez de se deixar levar pelas emoções (tanto suas quanto das outras pessoas), concentre-se na causa delas.

Os *principais interesses* são necessidades humanas importantes em praticamente todas as negociações. Embora geralmente não sejam expressas, elas são tão reais quanto nossos interesses tangíveis. Até mesmo negociadores experientes não costumam perceber como esses interesses motivam suas decisões.

Os principais interesses são uma plataforma eficiente para lidar com emoções sem se deixar levar por elas. Este capítulo explica como utilizá-los.

CINCO PRINCIPAIS INTERESSES ESTIMULAM MUITAS EMOÇÕES

Cinco interesses estimulam muitas emoções, positivas e negativas, durante uma negociação. Esses principais interesses são *apreço*, *associação*, *autonomia*, *status* e *função*.

Quando você lida com esses interesses de modo eficaz, pode estimular emoções positivas em si e nos outros. Como esses interesses são universais, é possível mobilizá-los em qualquer momento, até com alguém que acabamos de conhecer. Você se beneficia das emoções positivas sem precisar observar, classificar e determinar a constante dinâmica emocional que atua sobre você e sobre as outras pessoas.

Evidentemente, sentimentos muito intensos podem ser estimulados por fome, sede, falta de sono e dor física. Mas os principais interesses se baseiam em seu relacionamento com as outras pessoas. Como indicado na Tabela 3, cada interesse está relacionado com o modo como você se vê em relação aos outros e como eles se veem em relação a você.

TABELA 3

CINCO PRINCIPAIS INTERESSES

Principais Interesses	O Interesse É Ignorado Quando...	O Interesse É Atendido Quando...
Apreço	Seus pensamentos, sentimentos e ações são depreciados.	Seus pensamentos, sentimentos e ações são reconhecidos e valorizados.
Associação	Você é tratado como um adversário e afastado.	Você é tratado como um colega.
Autonomia	Sua liberdade para tomar decisões é cerceada.	As outras pessoas respeitam sua liberdade para decidir questões importantes.
Status	Sua posição relativa é considerada inferior.	Sua posição é conceituada e apreciada.
Função	Sua função atual e suas atividades não são gratificantes do ponto de vista pessoal.	Você se sente gratificado, pois define sua função e suas atividades.

Não há uma separação total entre esses cinco principais interesses. Cada um deles tem uma função específica ao incitar emoções, mas elas formam misturas, combinações e fusões. Juntos, esses interesses fornecem uma descrição mais exata do conteúdo emocional de uma negociação do que individualmente. Os principais interesses são como o instrumental do Quinteto para Piano e Sopros, de Mozart. Não existe uma fronteira definida entre as partes do piano, do oboé, do clarinete, do fagote e da trompa. Juntos, os cinco instrumentos expressam mais fielmente a harmonia e o ritmo da música do que cada instrumento individual.

Cada principal interesse deve ser atendido em proporção *adequada*, nem muito nem pouco. Há três padrões para determinar se nossos interesses estão sendo administrados de forma eficaz, com base em nossa percepção sobre a conduta das outras pessoas em relação a eles:

- *Isso é justo?* Um tratamento justo está em conformidade com os costumes, com a lei, com a prática organizacional e com as expectativas da comunidade. Há uma sensação de que estamos sendo tratados como aqueles que vivenciam circunstâncias similares ou comparáveis.
- *Isso é honesto?* Um tratamento honesto consiste em dizer a verdade. Mesmo quando não podemos saber tudo, não queremos ser enganados. Nossos interesses são abordados de modo honesto quando não há intenção de fraude e nossos interlocutores comunicam autenticamente suas experiências e conhecimentos.
- *Isso é consistente com as circunstâncias do momento?* Não é razoável esperar que nossos interesses sejam concretizados em todas as circunstâncias. As normas mudam em situações cotidianas ou crises. Em geral, o tratamento mais adequado é consistente com essa dinâmica.

Às vezes, um principal interesse atendido é tão importante quanto ter um colete salva-vidas em uma travessia arriscada. Por exemplo, sem apreço nem associação, você sente que está se afogando, sozinho, negligenciado, sem poder respirar. Suas emoções vêm à tona e facilitam posturas antagônicas. Por outro lado, com apreço e associação, é como se você estivesse fazendo a travessia com um colete. Você respira facilmente, observa o cenário e decide livremente o que fazer e para onde ir. Suas emoções positivas o acompanham, e você se sente mais propenso a cooperar, pensar criativamente e conquistar a confiança das outras pessoas. (Veja a Tabela 4 a seguir.)

TABELA 4

O RISCO DE *IGNORAR* OS PRINCIPAIS INTERESSES

Meus Principais Interesses São *Ignorados* Quando:	Estados Associados às Emoções Geradas:	Nesse caso, eu provavelmente:
Não recebo nenhum apreço Sou tratado como um adversário Minha autonomia é cerceada Meu status é diminuído Minha função é banalizada e restringida	→ *Irritado!* Colérico Furioso Irado Indignado Incomodado Ressentido Aborrecido Impaciente *Ansioso* Arrependido Receoso Nervoso Agitado Alarmado *Invejoso e Ganancioso* *Enojado* Nauseado Ultrajado Magoado Desdenhoso *Culpado e Envergonhado* Aflito Humilhado Constrangido *Triste* Angustiado Pessimista Soturno Inconsolável Apático →	Tenho uma reação negativa e contrária aos meus interesses Cuido de tudo sozinho Embarco em um raciocínio inflexível Ajo de modo fraudulento e perco a confiança das outras pessoas

O PODER DE *ATENDER* AOS PRINCIPAIS INTERESSES

Meus Principais Interesses São *Atendidos* Quando:	Estados Associados às Emoções Geradas:	Nesse caso, eu provavelmente:
Sou objeto de apreço Sou tratado como um colega Minha liberdade de decidir é reconhecida Meu elevado e merecido status é levado em consideração Minha função é gratificante; exerço atividades com grande potencial de mudança	→ **Entusiasmado!** Alegre Animado Vibrante Extasiado **Feliz** Contente Satisfeito Jovial Confortável Tranquilo **Otimista** **Cortês** Afetuoso Atencioso Solidário **Orgulhoso** Engenhoso Corajoso **Calmo** Aliviado Relaxado →	Coopero Trabalho em conjunto Sou mais criativo Inspiro confiança

USE OS PRINCIPAIS INTERESSES COMO UMA LENTE E COMO UMA ALAVANCA

O poder dos principais interesses vem do fato de que podem servir como uma lente (facilitando a compreensão das experiências emocionais individuais) e como uma alavanca (estimulando emoções positivas em você e nas outras pessoas).

Uma Lente Mais Precisa para Visualizar e Diagnosticar uma Situação

Os principais interesses servem como uma lente para ajudá-lo a se preparar, promover e analisar a dimensão emocional da negociação.

Prepare-se para a negociação. Os principais interesses oferecem uma checklist de áreas sensíveis que você deve identificar em si e nas outras pessoas. Seus interlocutores são sensíveis ao que você diz ou não sobre o *status* deles? A negociadora sênior da outra equipe achará que sua *autonomia* foi prejudicada se você analisar a proposta atual sem a consultar antes? Seu senso de *associação* é minado quando a equipe sai para almoçar sem o convidar?

Conduza a negociação. Conhecer os principais interesses pode ajudá-lo a identificar as motivações por trás do comportamento de uma pessoa. Por exemplo, você percebe que o líder da outra equipe não se sente apreciado pelas muitas semanas que dedicou a obter apoio interno para o acordo. Com essa informação, você pode se adaptar e agir de acordo com esse interesse.

Conhecer seus principais interesses pode neutralizar boa parte da volatilidade de um turbilhão emocional. Ao ser provocado por um interlocutor, não perca o controle sobre seu comportamento. Em vez de reagir ao ataque identificado, respire fundo e determine quais dos seus principais interesses estão sendo minados. O outro negociador está cerceando sua autonomia ou menosprezando seu status?

Analise a negociação. Ao analisar uma reunião, você pode recorrer aos principais interesses para compreender o que aconteceu emocionalmente durante o encontro. Se o debate foi interrompido porque seu colega abandonou a reunião, tire um tempo para analisar os principais interesses e determinar o fator que causou esse episódio de raiva. Você pode usar essas informações para resolver a situação ou evitar que se repita. Se a reunião foi um sucesso incrível, os principais interesses podem nos ajudar a compreender o que deu certo. Você pode desenvolver sua própria lista de práticas recomendadas.

Uma Alavanca para Melhorar a Situação

Mesmo que você não saiba o que seu interlocutor está sentindo no momento, as demandas estruturais podem servir como uma alavanca para estimular emoções positivas. Geralmente, isso é mais fácil do que identificar uma entre várias emoções negativas e determinar a respectiva medida. Com foco em uma das áreas estruturais, fale ou aja para elevar ou reduzir o status, a associação, a autonomia, o apreço e a função do negociador. Você obterá emoções positivas.

Os principais interesses também canalizam suas emoções em uma direção positiva. Você pode reduzir a pressão de uma decisão importante ao evocar sua autonomia para aceitar ou rejeitar o acordo com a outra equipe. Ou talvez possa elevar seu status compartilhando com outras pessoas uma importante área de conhecimento.

Mais importante, quando atendemos aos principais interesses de modo proativo, evitamos as emoções negativas geradas quando os ignoramos. (A alegria vivenciada quando respiramos é inversamente proporcional ao desespero que sentimos quando estamos nos afogando.)

RESUMO

Os principais interesses são necessidades humanas importantes em praticamente todas as negociações. Em vez de encarar a dinâmica acelerada de dezenas de emoções (suas e das outras pessoas), direcione seu foco para cinco interesses principais: apreço, associação, autonomia, status e função. Utilize esses interesses como alavancas para estimular emoções positivas em si e nos outros. Além disso, você também pode utilizá-los como uma lente para determinar qual interesse ainda não foi atendido e se adaptar para abordar essa questão.

Se, por um lado, os principais interesses são bastante simples e podem ser usados imediatamente, por outro, também são sofisticados e aplicáveis a situações complexas. Uma negociação envolvendo vários atores e altos riscos exige uma compreensão avançada dos cinco principais interesses.

Os capítulos a seguir analisam em profundidade o poder de cada interesse principal e explicam como usá-los como uma lente para compreender e uma alavanca para melhorar a negociação.

II

Tome a Iniciativa

CAPÍTULO 3

Expresse seu Apreço

Identifique o Mérito nos Pensamentos, Sentimentos e Ações das Pessoas — e Demonstre Isso

Anos atrás, Roger foi a Tbilisi para orientar os cidadãos da Ossétia do Sul e o governo da Geórgia (uma ex-república soviética). No seu último dia na região, ele saiu para fazer compras. Ao passar por uma galeria na principal rua da cidade, ele viu um escultor trabalhando arduamente em uma pequena bandeja de madeira. Alguns produtos dele estavam à venda. Roger parou para observá-lo. Em sua memória, a interação ficou gravada da seguinte forma:

> Entre os itens expostos, fiquei mais interessado pela bandeja que o escultor estava criando. Então, perguntei: "Quanto custa?"
>
> "Ainda não terminei", ele respondeu.
>
> "Quando vai acabar?", perguntei, sentindo uma leve onda de impaciência.
>
> "Vai demorar mais alguns dias. Você poderá comprá-la depois."
>
> "Quero comprar a bandeja agora, mesmo que ainda não esteja concluída. Qual é o valor do produto inacabado?" (Obviamente, eu esperava um desconto.)
>
> "O item não está à venda agora", ele respondeu.

A rispidez da resposta me irritou. Eu havia expressado meu interesse no trabalho dele e queria comprar a bandeja inacabada, e ele nem ao menos considerou a oferta. Ele mal me deu atenção. Senti um impulso de desqualificar seus produtos, de xingá-lo e de sair dali. Mas, em vez disso, respirei fundo. Percebi que estava me sentindo depreciado. Desrespeitado. Humilhado.

Até que a ficha caiu. O escultor provavelmente também se sentia depreciado. Talvez meu comportamento não tivesse sido melhor que o dele. Eu não expressara nenhum apreço por ele nem por suas opiniões. As emoções dele talvez fossem bem-parecidas com as minhas.

"Para vender a bandeja agora", o escultor disse, "o preço teria que ser maior."

"Por quê?", perguntei, surpreso.

Ele se voltou para mim, sorriu e disse: "Se eu vendesse a bandeja hoje, não teria o prazer de terminá-la."

Foi a minha vez de sorrir. "Viajo amanhã de manhã. Gostei da bandeja. Admiro seu trabalho. E agora, mais do que nunca, quero a bandeja como recordação do escultor que se orgulha do seu ofício e da satisfação que obtém com ele."

Ele sorriu novamente, mas não disse nada.

"Considerando a minha viagem iminente", perguntei, "você honraria um forasteiro com o favor de vender a bandeja hoje, inacabada, pelo mesmo preço de uma finalizada?"

Depois de pensar um pouco, ele aceitou minha oferta.

APREÇO: UM PRINCIPAL INTERESSE DE MIL E UMA UTILIDADES

Como Roger e o escultor se deram conta, o apreço é um interesse importante, e essa importância está no seu efeito sobre quem recebe o apreço. De CEOs a professores da educação infantil, de diplomatas a operários da construção civil, todos querem se sentir apreciados.

Os efeitos do apreço são simples e diretos. Quando somos depreciados, ficamos mal. Quando recebemos apreço, ficamos bem. Nossa estima se valoriza, como ocorre no mercado de ações. Ficamos mais dispostos a escutar e mais motivados a cooperar.

O apreço não é só o substantivo que representa um interesse: ele também é uma ação, formando o verbo apreciar. O valor do apreço se expressa em sua natureza de principal interesse e ação estratégica, pois manifestá-lo de modo honesto, muitas vezes, é a melhor forma de atender a boa parte dos principais interesses. Por isso, *demonstrar apreço* pode ser uma medida prática e versátil para incitar emoções positivas em seus interlocutores durante a negociação.

É mais provável que se chegue a um acordo sensato quando as partes envolvidas na negociação demonstram apreço mútuo em vez de se sentirem depreciadas. De fato, você se beneficia quando auxilia seu interlocutor a se sentir apreciado, mesmo que ele não retribua seu gesto, pois as pessoas tendem a ficar mais à vontade e cooperativas nesses casos. E, ao apreciá-las, você aumenta sua probabilidade de obter apreço.

OBSTÁCULOS AO APREÇO

Na maioria das negociações, três grandes obstáculos inibem sentimentos mútuos de apreço. Primeiro, às vezes, *não compreendemos* o ponto de vista dos interlocutores. Defendemos nossas opiniões, mas não entendemos os argumentos dos outros. Enquanto eles falam, nossa mente foca as ideias que queremos comunicar. Quando não são ouvidos, eles não se sentem compreendidos.

Segundo, quando discordamos do que a outra pessoa está dizendo, às vezes *criticamos o mérito* dos seus argumentos e ações. Partimos da premissa de que parte do trabalho do negociador consiste em rebaixar o outro lado. Geralmente, procuramos os pontos fracos nos argumentos que escutamos e ignoramos o mérito deles. No entanto, todos veem o mundo através de sua lente pessoal e se sentem desvalorizados quando sua versão não é reconhecida ou é descartada. Se, depois de várias semanas elaborando uma proposta, só ouvimos críticas dos interlocutores, muitas vezes nos sentimos desanimados e irritados.

Terceiro, há casos em que *não comunicamos* o mérito que identificamos nos pensamentos, sentimentos e ações das outras pessoas. Quando só ouvimos críticas dos interlocutores às nossas ideias, pensamos que nossa mensagem e o mérito dela não foram compreendidos. Então, discutimos com mais intensidade ou desistimos.

TRÊS ELEMENTOS QUE EXPRESSAM O APREÇO

Expressar o apreço vai muito além de agradecer alguém. Como muitas vezes não apreciamos devidamente as outras pessoas, devemos:

- *Compreender* o ponto de vista dos interlocutores;
- *Identificar o mérito* nos seus pensamentos, sentimentos e ações; e
- *Comunicar* nossas perspectivas com palavras e ações.

Compreenda os Outros Pontos de Vista

Para expressar seu apreço por alguém, primeiro determine como essa pessoa percebe a realidade e como ela se sente. Suas principais ferramentas são suas capacidades de escutar e fazer boas perguntas.

Muitas pessoas acham que *você* só conseguirá entender as visões de mundo *delas* se *elas* as explicarem diretamente a você. Embora isso se aplique à maioria dos casos, você pode ganhar muito tempo ao se imaginar no lugar delas. Mas, mesmo que você entenda seus pontos de vista, ainda terá que escutá-las. Então, prepare-se para ouvir.

Durante a negociação, há várias técnicas de escuta ativa que melhoram sua capacidade de compreender os interlocutores. Aqui, citamos duas das mais importantes:

Além da letra, ouça também a "música". O processo de compreensão não se restringe a ouvir cada uma das palavras ditas. É importante que o ouvinte assimile o ambiente, o clima, o caráter, a atmosfera e o tom emocional que contextualizam as palavras.

Quando ouvimos uma música, não prestamos atenção só na letra. Também escutamos a melodia que embala as palavras. Se uma batida em um tambor transforma uma canção de amor sentimental em um grito de guerra angustiado, um tom emocional pode confirmar as palavras do negociador ou refutá-las. Imagine alguém gritando: "Eu *não* estou com raiva!"

Fique atento às "metamensagens". Quando escutamos nossos interlocutores, às vezes percebemos mensagens escondidas em outras. Essas metamensagens implícitas são muito comuns. Por exemplo, durante um jantar, o anfitrião confere o relógio e diz: "Me diverti tanto que nem percebi que era tão tarde." A maioria dos convidados rapidamente capta a metamensagem do fim da festa.

Muitas vezes, as metamensagens indicam a disposição de uma pessoa: favorável, indecisa ou contrária às ideias em debate. Um modo fácil de detectar metamensagens é prestar atenção às palavras enfatizadas. As quatro frases a seguir contêm as mesmas palavras, mas cada uma delas sugere um significado diferente. As possíveis traduções estão ao lado.

Eu gostei dessa proposta. [Mas os outros negociadores são contra.]

Eu *gostei* dessa proposta. [Sou totalmente a favor da ideia.]

Eu gostei *dessa* proposta. [Achei melhor que as outras.]

Eu gostei dessa *proposta*. [Mas só isso; não estou apoiando.]

Não ignore a indecisão e a resistência. A linguagem corporal pode expressar algo totalmente diferente do que é dito pelas palavras. Quando captamos as metamensagens e as mensagens confusas, apreciamos melhor os outros pontos de vista.

Identifique o Mérito nos Pensamentos, Sentimentos e Ações das Outras Pessoas

O segundo elemento do apreço é a identificação do mérito. Devemos procurar valor no que as outras pessoas pensam, sentem e fazem. Imagine uma casa. Limpamos a cozinha, arrumamos as camas, cortamos a grama e celebramos um dia especial, mas, se essas ações nunca forem expressamente reconhecidas e valorizadas, ficamos desapontados. A Tabela 5 ilustra como identificar o mérito e expressar apreço pelos pensamentos, sentimentos e ações das outras pessoas.

TABELA 5

ONDE ENCONTRAR O MÉRITO

Encontre o Mérito no Que a Outra Pessoa	Exemplos de Frases
Pensa	
Lógica e raciocínio	"Acho seus argumentos bastante persuasivos."
Pontos de vista	"Embora eu discorde da sua conclusão, percebo o valor do seu ponto de vista."
Sente	
Emoções	"Admiro o orgulho que você sente pelo seu trabalho."
Principais interesses	"Acho compreensível que você não queira ser excluído da reunião de amanhã."
Faz	
Ações	"Valorizo o que você faz por aqui."
Dedicação	"Aprecio seu empenho na elaboração da primeira versão."

Em caso de conflitos, encontre o mérito na articulação do interlocutor. Mesmo que você discorde da opinião dele sobre uma questão, compreenda as motivações da sua visão de mundo. Ele pode se basear em sentimentos fortes, uma convicção intensa ou uma argumentação persuasiva.

Isso lembra uma situação vivenciada por Roger quando representava o governo federal diante da Suprema Corte dos EUA. Chegara a hora de expor seus argumentos em face do autor da ação. Em frente ao tribunal, ele disse: "As alegações do autor são sólidas. Na verdade, penso que são mais sólidas do que as razões apresentadas pelo seu advogado esta manhã. Se eu tivesse atuado em prol do autor, teria acrescentado o seguinte ponto..."

"Sr. Fisher!", o juiz Frankfurter interrompeu. "Você está aqui *representando o governo*!"

"Sim, Vossa Excelência", Roger disse. "A Corte deve entender que temos uma resposta não apenas para os argumentos apresentados pelo autor, mas também para outro bom argumento que ele poderia apresentar. Seja como for, o caso não é banal nem irrazoável. Acreditamos na sensatez deste Tribunal ao acolher a ação e analisar o pedido com base em seus méritos, como nós, representando o governo, fizemos. Apesar da força do caso, concluímos que a lei é contrária ao pedido pelas razões que agora apresento..."

Roger acreditava que, se expressasse honestamente seu apreço pelos méritos do caso do autor, sua defesa seria mais eficiente do que se ele comprasse uma briga de cara, apontando como os argumentos do autor eram absurdos e passíveis de rejeição imediata. Depois de demonstrar sua compreensão profunda da ação — atacando diretamente o pedido —, seu argumento foi bem mais eficaz do que se ele tivesse evitado controvérsias com razões próprias. (O governo ganhou o caso.)

Essa expressão de apreço também convenceu os advogados do autor de que eles haviam sido ouvidos e de que seus argumentos tinham mérito. No final das contas, o principal advogado do autor foi até Roger, apertou a mão dele e lhe agradeceu pelo tratamento tão criterioso dispensado à sua argumentação.

Identificar o mérito no raciocínio de outra pessoa *exige* uma postura honesta. Aqui, sinceridade é crucial. Uma avaliação honesta de uma opinião transmite apreço. Expresse que você compreende as bases dos sentimentos, pensamentos e ações das outras pessoas. Mesmo que seja difícil encontrar valor no que elas dizem e fazem, procure com afinco e imagine as experiências emocionais delas, determinando os interesses que podem estar motivando essas emoções.

Quando você discorda veementemente de alguém, tente atuar como um mediador. É muito difícil encontrar mérito no ponto de vista do interlocutor quando vocês estão discutindo um assunto importante no plano pessoal. Identificar o mérito no argumento de alguém pode transformar seu modo de escutar.

Nesse caso, tente agir como um mediador imparcial, que se ocupa de entender e determinar o valor das perspectivas de cada parte. Nessa função, você não julga quem está certo ou errado, mas define o mérito de *todos* os argumentos.

Ao atuar como mediador, primeiro defina por que a opinião do seu interlocutor sobre um assunto tem importância pessoal e é persuasiva para ele.

Quais convicções e raciocínios baseiam essa visão? Talvez você discorde da outra pessoa em um ponto, mas pode encontrar mérito no raciocínio e nas convicções que fundamentam essa conclusão. Depois de encontrar o mérito, você poderá dizer:

> Compreendo *[seu ponto de vista]* e aprecio *[seu raciocínio e suas convicções]*.

Confira o exemplo de uma líder do movimento pró-escolha que busca o mérito no ponto de vista de um líder do movimento pró-vida. Ela provavelmente não encontrará valor na opinião do líder de que o aborto deveria ser ilegal. Mas ela pode identificar o mérito em algumas das razões e convicções que fundamentam essa postura. Ela poderá dizer:

> Entendo quando você diz que a vida começa na concepção. *[Ela demonstra compreensão.]*
>
> E, a partir dessa convicção estrutural, percebo o valor na sua defesa do que considera uma criança inocente. *[Ela demonstra que vê o mérito no raciocínio do interlocutor.]*

O apreço não deve ser objeto de barganha. De fato, esse interesse perde muito valor quando a expressão do meu apreço depende da expressão do seu apreço. Se o líder pró-vida passasse pelo mesmo processo — encontrando e expressando o mérito no raciocínio da líder pró-escolha —, cada lado se sentiria apreciado. E nenhum deles mudaria suas convicções básicas sobre o aborto. De fato, os líderes podem até esclarecer e reforçar ainda mais seus pontos de vista. Portanto, quando identificam o mérito no raciocínio do interlocutor, os líderes podem, ao mesmo tempo, discordar e cooperar. Por exemplo, eles podem iniciar um projeto em conjunto para reduzir a incidência de gravidez indesejada.

Pode haver explicações persuasivas para sua indisposição em identificar o mérito em outras visões. Encontramos duas. Primeiro, isso vai de encontro às suas convicções religiosas. Segundo, expressar esse mérito pode facilmente ser mal interpretado por seus amigos, familiares ou eleitores. Eles podem pensar que, ao identificar o mérito, você está concordando com ideias que, na verdade, rejeita.

Comunique Sua Compreensão

O terceiro elemento da expressão de apreço consiste em demonstrar sua compreensão do mérito identificado. Quando tiver compreendido a perspectiva e encontrado o mérito, comunique suas conclusões. Suas observações devem ser adequadas, diretas, oportunas e, sobretudo, honestas. Não use uma linguagem empolada. É importante reconhecer os pensamentos, sentimentos e ações das outras pessoas. Seja claro e objetivo.

> Parece que você está preocupado com a possibilidade de vender suas ações e acabar prejudicando seu relacionamento com outros membros do conselho. *[Você demonstra sua compreensão.]*
>
> Aprecio sua preocupação, especialmente porque você quer continuar trabalhando neste setor. *[Você demonstra que vê o mérito no raciocínio da outra pessoa.]*

Para que seu interlocutor não assuma uma postura defensiva, expresse sua mensagem em um tom assertivo. É mais fácil se você já tiver identificado o mérito na perspectiva dele. Evite o sarcasmo, como em: "Sim, compreendo por que você acha que merece um aumento." Em vez disso, confirme a perspectiva do interlocutor:

> Acho que você tem um bom motivo para reivindicar um aumento salarial. Você investiu um tempo expressivo na empresa. Trabalhou duro. Administrou com sucesso os projetos de dois clientes muito importantes.

Tanto o comentário sarcástico quanto o assertivo indicam que você compreende a fala do seu interlocutor. No entanto, só o segundo comentário demonstra que você vê mérito no ponto de vista dele. E validar essa perspectiva não é o mesmo que concordar com ela.

Retransmita o que você escuta. É bem raro compreender alguém e dizer: "Sim, entendo seu ponto de vista." Há pessoas que se sentem ignoradas até você lhes demonstrar que, de fato, *compreende* o que é importante para elas. Dois líderes com quem Dan trabalhou aprenderam essa lição:

Eu estava atuando como facilitador em um workshop de uma semana no Lago Ohrid, na Macedônia, sobre negociação com líderes sociais e políticos. Entre os participantes, havia pessoas de origem albanesa e macedônia. Na época, havia uma onda de violência entre esses grupos. A guerra em Kosovo levou milhares de albaneses para a Macedônia. Alguns macedônios receavam perder influência política e cultural.

Durante uma pausa, sentei à mesa com dois participantes, "Ivan" (macedônio) e "Bamir" (de origem albanesa). Imediatamente, eles começaram a discutir.

"Você já viu os milhares de refugiados albaneses que chegaram de Kosovo?", Ivan perguntou. "Como vamos dar conta de atender tantas pessoas?"

"Existe outra escolha?", Bamir respondeu. "Você não sabe como é estar em uma situação terrível como a nossa."

"Veja bem", Ivan disse. "Se não ajudarmos os refugiados, o mundo pensará que somos cruéis. Mas nosso país é muito pequeno. O que devemos fazer?"

"Você não compreende a situação", Bamir disse. "Não sabe como é ser rejeitado por seu próprio país!"

Então, os dois começaram a discutir energicamente, não raro falando ao mesmo tempo. Inicialmente, escutei o papo para identificar suas perspectivas, mas as coisas logo saíram do controle.

Interrompi: "Esperem um pouco. Isso não está dando em nada."

Eles pararam e se voltaram para mim. Eu disse: "Vocês parecem frustrados. Vamos analisar o caso."

"Ele não entende nada da minha situação!", Bamir disse.

"Ele é quem não entende!", Ivan replicou.

Fiz uma pausa até que todos se acalmassem. "Ivan", eu disse. "O que você extraiu da fala de Bamir?"

Ivan disse: "Bamir acha que os macedônios têm aversão a pessoas de origem albanesa. Isso não é verdade."

"Eu não disse *nada* disso!"

Perguntei a Bamir: "O que você entendeu do comentário de Ivan?"

"É óbvio que ele só quer cuidar do povo *dele*."

Ivan logo se intrometeu: "Não foi isso que *eu* disse!"

Os dois se olharam fixamente. Eles ouviram, mas não entenderam nada. Não compreenderam as críticas que receberam nem deram nenhuma resposta. Eram duas conversas diferentes, e cada um deles só expressava suas próprias premissas e emoções.

Pairou o silêncio. Então, Ivan riu. Ele percebeu o que havia acontecido, ficou surpreso, e disse: "Isso não vai dar em nada se ninguém escutar."

Ele tinha razão. Geralmente, as pessoas não escutam porque estão esperando sua vez de falar. Escutar não é uma postura passiva, mas ativa. É preciso se concentrar. O workshop continuou, e observei Bamir e Ivan tentando escutar — e efetivamente compreender um ao outro. Em mais de uma ocasião, suas emoções falaram mais alto do que sua capacidade de escutar. Mas agora eles *queriam* identificar o mérito na perspectiva do outro — e transmitir isso ao interlocutor.

Quando você perceber que não está mais escutando o interlocutor, responda à seguinte pergunta: "Quem deu o assunto por encerrado, eu ou ele?" Ou seja, você parou de ouvir a outra pessoa antes da hora por cansaço ou por se sentir desconfortável diante das emoções comunicadas?

Ao praticar a *escuta reflexiva*, você passa a ouvir com mais atenção, reformulando as informações factuais e os sentimentos expressos pela outra pessoa. Dan utilizou a escuta reflexiva quando disse: "Vocês parecem frustrados." A partir daí, Ivan e Bamir se sentiram ouvidos.

Sinalize que ficará muito desapontado se isso acontecer com você. Muitas vezes, não conseguimos determinar com precisão as emoções das outras pessoas. É comum cometer equívocos e ofender o interlocutor.

Isso ocorreu com uma locatária que queria negociar o aluguel do seu apartamento. O locador era um advogado que morava no andar de baixo. A locatária decidiu iniciar a negociação tentando estabelecer uma ligação: "Ouvi dizer que você acaba de entrar em um novo escritório. Deve ser difícil."

O proprietário ficou pálido e respondeu: "Não, não é nada disso. Diga logo o motivo da conversa." Logo depois, uma procissão de ideias congestionou sua mente: "Será que ela está insinuando que eu não sei lidar com a mudança de emprego? Será que ela pensa que eu sou fraco?" Apesar das boas intenções da locatária, o locador encarou o comentário como uma crítica e uma ofensa.

Utilizando uma abordagem não intrusiva, devemos nos imaginar no lugar da outra pessoa. Nessa situação, a melhor opção é perguntar ao interlocutor como ele se sente. A locatária pode dizer: "Ouvi falar que você mudou de emprego. Como está sendo? Se fosse eu, sei que seria difícil." Essa sugestão indireta tende a abrir o caminho para uma comunicação mais eficiente. Nessa abordagem, menos arrogante, ela demonstra interesse, e o proprietário não tem que encarar uma experiência emocional compulsória.

APRECIAR NÃO É CEDER

Geralmente, achamos que expressar apreço pelo ponto de vista do interlocutor passa a impressão de que concordamos com ele. Errado. Concordando ou não, você pode encontrar mérito em um raciocínio e comunicar sua compreensão. Nesse caso, você não abre mão da sua autoridade para decidir: ainda pode aceitar e recusar propostas e viabilizar uma colaboração eficiente.

É possível *compreender* ideias e opiniões idiotas ou manifestamente erradas. Também é possível entender, por exemplo, argumentos que você considera sérios, importantes e notáveis, mesmo que discorde deles ou ache que outros fatores são mais importantes. Comunicar sua compreensão é bem diferente de dizer "concordo com você" e "acatarei sua sugestão".

Por exemplo, ao entrevistar um cliente, um advogado pode demonstrar que compreende as dificuldades emocionais dele. No entanto, isso não quer dizer que o advogado concorda com todas as ações e opiniões do cliente, mas que ele aprecia suas convicções e raciocínios. Para evitar mal-entendidos, o advogado pode começar a conversa da seguinte forma: "Quero entender a fundo sua experiência para representá-lo da melhor forma que puder. Posso discordar de tudo o que você diz ou faz, mas, acredite, eu vejo o mérito no seu ponto de vista."

Da mesma forma, nos negócios, muitas vezes é eficaz demonstrar apreço sem fazer concessões. Vejamos o caso de "Mark", um talentoso gerente de um fabricante de automóveis que se descobriu portador do mal de Parkinson. Com o avanço da doença, ele perdeu as capacidades de falar claramente e manter o equilíbrio. Ele chegou a cair várias vezes no trabalho, mas, felizmente, não se machucou.

Mark tinha um bom relacionamento com os líderes da organização, especialmente com "Sam", o presidente regional; as famílias de ambos haviam passado férias de verão juntas nos últimos quatro anos. Mark achava que a chefia queria que ele se aposentasse por invalidez devido à redução da sua capacidade de se comunicar com os funcionários. Ele preferia uma aposentadoria parcial. Embora amasse seu trabalho, queria passar os invernos com a esposa em uma casa de praia. Além disso, ele não queria que a chefia estipulasse unilateralmente os termos do seu desligamento. Em vez de pressionar os executivos e criar um campo de batalha, Mark recorreu ao poder do apreço. Em uma reunião particular com o CEO, ele disse:

> Sam, obrigado pelo seu tempo. Tenho pensado em como tocar minha vida profissional agora que a doença está criando desafios de comunicação. Somos bons amigos há muito tempo, e sei como é difícil para você ver o meu estado atual. Também sei do seu empenho em me proteger e garantir que eu não me coloque em situações muito estressantes. Além disso, estou ciente de que, como presidente regional, você precisa zelar pelos interesses da empresa. Idealmente, as pessoas devem exercer suas funções diárias com eficiência. Então, imagino como essa situação é difícil para você. Por isso, marquei esse encontro, para que nós, sem nenhum compromisso, pudéssemos analisar as opções de que dispomos.

Com essa argumentação, Mark demonstra que compreende o ponto de vista de Sam sem fazer nenhuma concessão. Na verdade, ele reconhece a preocupação de Sam com seu bem-estar e as atribuições profissionais dele. Seus argumentos reforçam o tom positivo da conversa e viabilizam um resultado que atenderá aos interesses de Mark, Sam e da empresa.

PREPARE-SE PARA EXPRESSAR APREÇO

Agora que você já sabe *como* apreciar seus interlocutores, prepare-se para fazer isso. É impossível ler a mente de um negociador, mas você sempre pode melhorar sua compreensão sobre o modo como ele percebe a realidade.

Determine Quem Receberá o Apreço

Primeiro, determine *quem* deve receber seu apreço. Seja qual for sua idade, classe social ou função, todos valorizam o apreço. Esse principal interesse é importante para pessoas de todos os escalões. Em geral, partimos da premissa de que nossos superiores não precisam ser apreciados. O apreço deve fluir de cima para baixo, certo? Não. Subordinados e superiores precisam receber apreço. Expresse apreço pelo seu chefe, seus subordinados, seus colegas e outros negociadores. De fato, sempre que você se sentir acuado, demonstrar apreço pode deixar a situação em pé de igualdade. Para que a outra pessoa se sinta compreendida, você deve valorizar não apenas a mensagem dela, mas sua existência como indivíduo.

Roger se lembra de quando aprendeu sobre o poder de demonstrar apreço por subordinados e superiores. Em 1949, ele estava em Paris trabalhando no Plano Marshall, o programa de recuperação econômica da Europa no pós-guerra. Por semanas, seu grande amigo "Barry", diretor de finanças, vinha tentando elaborar um plano para lidar com uma possível crise financeira na Áustria.

Em uma manhã de segunda-feira, o jornal *Paris Herald Tribune* noticiou a crise financeira. Todos os bancos da Áustria fecharam as portas, e o embaixador Averell Harriman, coordenador do Plano Marshall na Europa, viajou para Viena para lidar com a crise. Devido à sua partida repentina para a Áustria, Harriman não pôde conversar com Barry sobre a situação.

Antes do fim da semana, Harriman resolveu a crise (de forma brilhante, segundo Barry).

Mas Barry se sentiu desvalorizado e dispensável. Pelo visto, Harriman resolvera a crise sem nenhuma contribuição dele. Ele passara semanas desenvolvendo ideias que se revelaram totalmente inúteis e disse a Roger que estava pensando em pedir demissão.

Na semana seguinte, quando colaboravam em outro ponto, Harriman pediu que Roger se sentasse e falasse sobre o clima entre os profissionais mais jovens.

Roger disse: "Às vezes, as pessoas não se sentem valorizadas. Barry me disse que você se saiu muito bem na Áustria sem ele. Ele está pensando em procurar outro emprego."

"Barry?", o embaixador repetiu. "Ele é um gênio. Quando recebi a ligação de Viena na tarde de sábado, liguei, mas ele não estava em casa. Então, acionei o pessoal da segurança, e fizemos uma busca no escritório dele; no cofre, encontramos um memorando de quarenta páginas com instruções para o caso de uma crise financeira na Áustria. Fiz uma cópia e a levei na viagem. Foi minha 'bíblia' a semana toda. Segui as orientações dele e tudo deu certo."

"Você disse isso para o Barry?"

"Não. Ele só estava fazendo o trabalho dele. Não estou aqui para agradecer ninguém por fazer aquilo que é pago para fazer. Você pode contar para ele, se quiser."

Roger ligou para a secretária de Harriman e, na frente dele, disse: "Encontre 10 ou 15 minutos na agenda do embaixador para que o diretor de finanças ouça o que ele acabou de me dizer."

"Não", o embaixador Harriman disse.

"Sim!", Roger disse ao seu superior, que tinha o dobro da sua idade. "Isso é importante."

"Ninguém nunca elogia a qualidade do *meu* trabalho", Harriman disse.

Roger ficou perplexo. "Nunca pensei que *eu* fosse a pessoa indicada para falar sobre o trabalho fantástico que *você* está fazendo. Claro, você chega ao escritório no final da manhã. Mas, nesse horário, você já leu todos os telegramas enviados por Washington de madrugada e os relatórios das missões e definiu os próximos passos. Além disso, você trabalha até altas horas. Estamos aqui, e já são 20h30 'da tarde', como você diz."

Talvez o embaixador Harriman tivesse aprendido desde menino a arrumar a cama e realizar outras tarefas sem esperar nenhum agradecimento. Mas, não obstante, ele também *precisava* de apreço. Mais tarde, já adulto, ele não expressava seu apreço pelos outros porque não esperava recebê-lo de ninguém.

Experimente o Exercício de Inversão de Papéis

Para demonstrar apreço pelo ponto de vista do interlocutor, tente o Exercício da Inversão de Papéis. Convoque um colega para ajudá-lo a entrar no papel da pessoa que receberá seu apreço. Você deve se "transformar" nessa pessoa. Seu colega pode fazer perguntas para ajudá-lo a entender a perspectiva do seu interlocutor.

"Qual aspecto *[do papel]* você acha mais importante?"

"Quais são os itens que mais lhe interessam?"

"Claro, dinheiro é importante, mas diga outras coisas que você também acha essenciais: Respeito? Aceitação? Ser ouvido?"

Responda cada pergunta na primeira pessoa com outra voz. Por exemplo, diga: "Fico chateado quando minhas opiniões são ignoradas." Use a inversão de papéis logo no início para que seu colega o ajude a entrar no papel de alguém que você gostaria de agradecer.

Dan se lembra de como a inversão de papéis ajudou uma mãe a lidar com um difícil conflito conjugal. Quando seu filho, já adulto, telefonou dizendo que estava voltando para a cidade, "Ana" não pensou duas vezes antes de dizer: "Você não gostaria de ficar conosco até encontrar um lugar para morar?" Na época, ela não fazia ideia de que isso colocaria em risco seu segundo casamento, que já durava quinze anos. Quase sem fôlego de tanta animação, Ana deu a boa notícia ao seu marido, "Joe". Para sua surpresa, ele ficou furioso com o convite.

"Por que você não fica feliz com essa notícia?", ela perguntou.

"Não quero que ele fique aqui sem data de saída", ele disse. "Ele já foi embora. Agora é nossa vez de ficar juntos."

"Ele não vai morar aqui para sempre", Ana disse.

"Conheço o tipo; ele vem de mala e cuia", Joe disse. "Mas ele já tem quase trinta anos, já é adulto..."

"Você tem alguma coisa contra nossa família?", Ana perguntou. "Será porque ele é meu filho e não seu?"

"Não, não estou nem aí para isso! Ele já passou da idade de morar aqui."

Naquele instante terrível, Ana sentiu que aquele não era o homem com quem se casara, o bom pai com quem criara os filhos dela e dele. Ficou irritada e confusa, pois parecia que devia escolher entre o marido e o filho. Então, levantou-se e saiu do quarto.

A tensão aumentou. A vida a dois passou a ser quase intolerável. Eles começaram a gritar um com o outro, algo que nunca ocorrera antes. Ana abordou Dan em busca de conselhos, lhe explicou a situação, e eles tentaram definir um processo para sair do dilema:

> Eu disse: "Joe e você parecem dois navios fazendo uma travessia à noite. Vocês não entendem o ponto de vista um do outro. Por isso, ambos se sentem depreciados."
>
> Ela concordou e perguntou: "Mas o que eu posso fazer nesse caso?"
>
> Eu disse: "Ambos querem que esse relacionamento funcione. Primeiro, tente demonstrar apreço pela perspectiva do Joe. Vamos fazer um exercício para ajudá-la com isso." Pedi que ela respondesse a três perguntas como se fosse o Joe. A seguir, estão os questionamentos e as descobertas dela.

1. **"Será que Joe acha que você não o compreende? O que ele pensa sobre isso?"** Ana admitiu que agia como se o filho fosse só dela. Ela acusara Joe de não se importar com o filho porque ele não era seu pai natural ("Será porque ele é *meu* filho e não seu?"). Ela defendeu seu ponto de vista e não se esforçou para entender o dele.

2. **"Qual é o mérito do ponto de vista de Joe?"** Ana se imaginou no lugar de Joe. Ela concluiu que a possibilidade de ter um filho em casa talvez tivesse lembrado Joe da responsabilidade constante de cuidar das crianças em todos os aspectos, ensinando habilidades como andar de bicicleta e ler um livro. Naquele momento, Joe provavelmente queria ter poucas obrigações "extras" para aproveitar o tempo com sua esposa.

3. **"Você já comunicou seu ponto de vista ao Joe?"** Ana percebeu que não conseguira comunicar o mérito identificado na perspectiva de Joe. Ela estava apreensiva porque achava que, ao comunicar essa informação, estaria concordando com as ideias dele. Ela nunca demonstrou que entendia as aflições e aspirações de Joe.

Então, Ana tentou expressar apreço pelo seu ponto de vista. Ela *concluiu* que as pressões associadas às suas funções como esposa e mãe evocavam duas missões: apoiar seu filho e cuidar do seu casamento. Ela encontrou o *mérito* no seu ponto de vista: estava tentando cuidar do seu filho e do seu marido no plano emocional. Ela queria que Joe *comunicasse sua compreensão* sobre os interesses dela e o respectivo mérito.

Essa preparação ampliou a compreensão de Ana sobre o conflito. Em vez de criticar o marido, ela agora estava disposta a escutar e entender. Para mudar o tom da negociação, ela fez uma pergunta simples: "Preciso da sua ajuda para compreender. Qual é a sua opinião sobre tudo isso?"

Ana fez seu questionamento e, sem julgar, escutou a resposta. Ela soube que seu marido adotava uma postura defensiva em relação ao casamento dos dois. Joe ansiava pelo momento em que a casa se tornaria só deles e pelas "infinitas" horas que passariam juntos. Ela soube também que seu marido teria dificuldades para dividir o tempo dela com um filho adulto vivendo sob o mesmo teto.

Depois que ela passou a escutar o marido e a comunicar sua compreensão até ele se sentir ouvido, o tom da interação mudou. Joe percebeu que sua esposa o amava intensamente e que ela apreciava o tempo que ele dedicava exclusivamente para o casal. Ele compreendeu que ela se sentia obrigada, como mãe, a ajudar o filho, que terminara recentemente com a namorada. Além disso, ele descobriu como ela sentia falta de atuar como mãe e de vê-lo exercendo o papel de pai para seus filhos.

Não havia soluções fáceis para esses problemas, mas eles começaram a colaborar na negociação. Suas conversas se tornaram uma fonte de aprendizado para ambos. Algum tempo depois, eles definiram com sucesso um acordo para que o filho morasse na casa deles por um mês, tempo suficiente para encontrar um apartamento.

Prepare uma Lista de "Boas Perguntas" para Conhecer as Perspectivas do Outro

O negociador deve desenvolver uma lista de perguntas genéricas para se informar sobre as perspectivas dos seus interlocutores. Essas perguntas podem se basear em negociações anteriores — mesmo que não tenham sido feitas — e em questionamentos eficientes de outros negociadores. A pergunta de Ana ("Preciso da sua ajuda para compreender. Qual é a sua opinião sobre tudo isso?") é um bom exemplo de questionamento genérico aplicável a quase todas as negociações. Outros exemplos incluem:

"Preciso que você me ajude a entender seu modo de ver as coisas."

"De tudo que conversamos hoje, o que você achou mais importante?"

"Na sua opinião, quais são os outros fatores essenciais nessa negociação?"

Muitas vezes, os negociadores se torturam mutuamente com perguntas para provar que o outro lado está errado. Cada negociador trata seu interlocutor como se estivesse inquirindo uma testemunha. As perguntas abaixo exigem uma resposta curta, sim ou não:

"Você ao menos *considerou* o impacto do seu comportamento sobre o meu cliente?"

"Você pretende agir por debaixo do pano *de novo*?"

Para adotar uma postura inteligente e compreender outras perspectivas, faça *perguntas abertas*. Não argumente: promova investigações honestas. Essas perguntas devem estimular o interlocutor a falar sobre o que ele acha importante. Em geral, as perguntas abertas começam com as expressões *como* ou *qual/quais*. Por exemplo:

"Você está dizendo que a casa que meu cliente está pensando em comprar vale pelo menos US$500 mil, o preço anunciado. Quais vendas anteriores e outras informações fundamentam sua opinião sobre o valor?"

"Na sua opinião, quais são as vantagens dessa opção? E quais são os riscos?"

"Como você está encarando tudo isso?"

"Quais são suas dúvidas sobre a proposta?"

AJUDE AS OUTRAS PESSOAS A DEMONSTRAREM APREÇO POR VOCÊ

O que fazer quando alguém não expressa apreço por você? A negociação parece desequilibrada quando você tenta encontrar mérito no ponto de vista de um interlocutor que não valoriza o seu. Ressentido, você pensa em fazer uma barganha pelo apreço: "Só vou expressar apreço se ele também fizer isso." Mas, como vimos antes, isso não funciona, pois o apreço deve ser sincero. É comum se desconfiar do apreço que só é demonstrado quando requisitado.

Não desanime. Há muitas opções para ajudar as outras pessoas a *entenderem* o que você está dizendo, *identificarem o mérito* e *comunicarem* sua compreensão. Confira algumas a seguir:

Ajude as Outras Pessoas a Entenderem Seu Ponto de Vista

Se você acha que as outras pessoas não estão entendendo sua mensagem, tome uma atitude.

Proponha um intervalo específico para falar com seus interlocutores. Mencione um ponto específico sobre o qual você gostaria de falar com eles. Roger lembra um caso em que três minutos fizeram toda a diferença.

> John Laylin era sócio do escritório de advocacia Covington & Burling, onde trabalhei muitos anos como associado. Ele e eu elaboramos um rascunho de uma carta que seria enviada por um cliente no Paquistão a uma autoridade indiana. Lemos e comentamos nossos respectivos textos. O Sr. Laylin optou pelo seu esboço. Para mim, ele não entendeu por que eu achava sua versão ruim. Eu lhe disse que deveríamos aproveitar o meu texto. Ele respondeu que não, que o escolhido era o dele, e perguntou se eu tinha alguma sugestão de alteração.

Pedi três minutos para explicar o que estava errado no rascunho dele. Ele resistiu, mas acabou pegando seu relógio de bolso, que colocou na mesa a sua frente, e disse: "Tudo bem. Você tem três minutos." Eu só havia falado por dois minutos quando ele me interrompeu, perguntou por que eu não tinha sido tão claro antes e atirou sua versão no lixo. Em seguida, começamos a trabalhar no meu esboço.

Fui ouvido. Expus meus argumentos e fui persuasivo.

Adapte a mensagem para ser ouvido. Nos Estados Unidos, a palavra *ambulância* aparece de trás para frente no capô das ambulâncias. Assim, os motoristas leem a palavra corretamente quando olham pelo retrovisor. Muito inteligente, a pessoa que concebeu essa ideia pensou da seguinte forma: "Como adaptar a mensagem para que ela seja compreendida pelos outros motoristas?"

Em uma negociação, você deve formular a mensagem de modo compreensível para seus interlocutores. Por exemplo, você diz aos seus colaboradores novatos que dará uma comissão de 5% sobre cada venda. Essa concessão é muito generosa, mas muitos deles entenderão que você está ficando com 95% de tudo e definirão o ato como ganancioso. Sua mensagem e sua intenção não foram comunicadas com clareza.

Emoções muito intensas (da sua parte e do outro lado) dificultam a comunicação da mensagem. Por exemplo, quando você está com raiva, sente o impulso de culpar os interlocutores pelos seus sentimentos negativos. "Estou irritado porque você não me consultou antes de assinar o contrato." Não culpe ninguém, pois eles só ficarão na defensiva. A capacidade de eles escutarem diminuirá, pois passarão o tempo todo bolando argumentos para provar que *eles* estão certos e *você* está errado. Ninguém mais conseguirá trabalhar de forma coesa em equipe.

Em vez disso, comunique sua raiva como parte de uma mensagem voltada para o futuro. Convença seu interlocutor de que você está expressando irritação para alterar futuras interações. "Estou irritado — e estou demonstrando isso — porque, futuramente, quero ser consultado antes de assinarem contratos que também criem obrigações para mim." No longo prazo, suas chances de receber apreço tendem a aumentar se você quiser ser ouvido não só para ganhar simpatia, mas para desencadear mudanças com sua mensagem.

Ajude as Outras Pessoas a Identificarem o Mérito nos Seus Pensamentos, Sentimentos e Ações

Existem opções ao seu alcance para ajudar as outras pessoas a identificarem o mérito no seu ponto de vista e na sua experiência emocional.

Incentive seu interlocutor a identificar o mérito do seu ponto de vista. Em vez de apontar o mérito, faça perguntas. A outra pessoa deve ponderar sobre o mérito. Você pode dizer: "Talvez eu não tenha sido suficientemente claro quanto à minha perspectiva. Você acha minhas opiniões sobre essas questões relevantes e persuasivas? Por quê?"

Utilize uma metáfora envolvente. Você se sente irritado quando alguém deprecia sua experiência emocional. Talvez seus interlocutores finjam que ignoram sua frustração ou tentem abafar suas emoções com as queixas deles. Como incentivá-los a encontrar o valor da sua experiência emocional?

Para aliviar as tensões, uma abordagem eficaz consiste em usar uma metáfora na conversa. A metáfora permite que as pessoas falem sobre suas experiências emocionais em comum de maneira indireta e implícita. Evite dizer: "Estou aflito com essa situação, frustrado com você, incomodado com meus colegas e bastante desanimado." Em vez disso, fale sobre sua experiência usando uma metáfora. "Parece que estamos dançando ao som de músicas diferentes."

Sozinho ou em grupo, crie uma metáfora que represente uma experiência emocional em comum. Confira alguns exemplos desse tipo de metáfora a seguir:

"Parece que estamos na corda bamba. Precisamos de uma rede de segurança."

"Sinto como se a maré que estivesse nos puxando para longe, e mar não tem cabelo. Vamos mudar de rumo."

"Parece que estamos indo direto para o olho do furacão. Como parar de ir nessa direção?"

"Sinto como se estivéssemos cavando a nossa própria cova. Como vamos sair dessa?"

"Estamos nadando contra a corrente. Como podemos melhorar a situação para todos nós?"

"Essa sala está parecendo um iceberg. Você pode me ajudar a aquecer um pouco o ambiente?"

As metáforas oferecem uma linguagem comum para as pessoas resolverem suas diferenças. Por meio da metáfora, você pode identificar obstáculos emocionais e convertê-los em problemas administráveis. Se as pessoas estão "dançando ao som de músicas diferentes", pergunte: "Como podemos sincronizar melhor nossos movimentos? Vamos fazer uma pequena pausa para depois conferir se estamos mais alinhados?" Se vocês tiverem chegado a um "beco sem saída", pergunte: "Como podemos contornar essa barreira? Devemos reorientar a conversa e analisar seus interesses e os nossos?"

Em geral, políticos, jornalistas e negociadores usam metáforas para criar imagens intensas que expressam determinados pontos. No conflito entre israelenses e palestinos, por exemplo, o conceito de roteiro para a paz foi criado por uma iniciativa conjunta dos Estados Unidos, da União Europeia, das Nações Unidas e da Rússia. A ideia do roteiro chamou a atenção de pessoas do mundo inteiro, para quem as partes envolvidas pareciam "perdidas" em meio ao conflito. O roteiro sugeria uma lista de atividades para cada lado. Em vez de impor "um novo plano a todos os envolvidos", o roteiro e sua natureza tangível forneciam ao público e aos políticos um item concreto que eles poderiam entender e discutir.

Ajude as Outras Pessoas a Escutarem a Sua Mensagem

Existem algumas opções à sua disposição para motivar as pessoas a escutá-lo.

Apresente poucos pontos importantes. Ao desenvolver a mensagem, opte pela simplicidade. Responda a algumas perguntas importantes:

Quem são os destinatários da mensagem?

O que eles devem fazer? Eles entenderão a mensagem?

Quais prós e contras *eles* identificarão na escolha?

Eles serão receptivos à mensagem ou a ignorarão?

Responda a essas perguntas de forma sucinta para consolidar uma abordagem objetiva.

Pergunte aos seus interlocutores se eles estão compreendendo a mensagem. Você só saberá se as pessoas o estão entendendo se elas se pronunciarem. Mas é simples descobrir isso; basta perguntar. Diga, por exemplo: "Acho que não comuniquei a mensagem de forma clara. O que vocês entenderam do que eu disse?" Se eles repetirem a mensagem de maneira imprecisa, explique o raciocínio. Apesar do lapso, a pergunta servirá para que eles escutem com mais atenção no futuro.

A IMPORTÂNCIA DO APREÇO POR SI MESMO

É arriscado esperar sempre pelo apreço das outras pessoas. Você não tem controle sobre elas. Se ninguém demonstrar apreço por você, talvez você fique frustrado. O apreço pode até servir como uma ferramenta de manipulação ao influenciar sua opinião com elogios. Seus interlocutores talvez se recusem a entender seu ponto de vista. Isso tudo pode tirá-lo do sério se você esperar pelo apreço dos outros.

Mas você *controla* sua capacidade de expressar apreço — pelos outros *e* por si mesmo. Então, use seus recursos internos para demonstrar apreço por si mesmo, aumentar sua autoconfiança e ampliar sua compreensão sobre seu ponto de vista e a perspectiva dos seus interlocutores.

Você deve analisar os méritos objetivos dos seus pontos de vista e ações mesmo que haja uma tendência em seu favor. Quando suas opiniões merecerem elogios, não hesite em fazê-lo. Se você tiver dificuldade para encontrar valor nas suas ações ou no seu raciocínio, imagine que está recebendo apreço de um mentor que considera importante. Talvez você tenha recebido apoio e incentivo dos seus pais, de um professor ou de um colega em tempos difíceis. O que essa pessoa diria para ajudá-lo durante uma negociação? Diga essas palavras para si mesmo. Como elas comunicariam o valor por suas ações e opiniões? Ouça essa voz.

Pense e, quando for o caso de se autoelogiar, faça isso. Seja honesto consigo mesmo. Não custa nada. Na verdade, fazer uma autoavaliação sincera deve ser motivo de orgulho. O resultado dela pode ser uma confirmação sólida das suas opiniões ou uma avaliação sincera de que, nesse ponto, suas ideias ainda são muito incipientes e devem ser repensadas criteriosamente. Se você for honesto ao apreciar as ideias do outro negociador — tanto suas possíveis falhas quanto seus méritos — e analisar os méritos e possíveis deficiências das suas ideias com igual rigor, todos estarão melhor preparados para chegar a um acordo eficiente.

Talvez você não tenha nenhum interesse em construir um relacionamento de longo prazo com o outro negociador. Naturalmente, ao expressar apreço por ele, sua opinião pode mudar. De qualquer modo, uma boa compreensão sobre si mesmo e sobre o outro negociador facilitará a colaboração entre vocês e a efetivação do acordo.

RESUMO

O apreço é um principal interesse. Todos querem se sentir compreendidos, valorizados e ouvidos. Quando se sentem apreciadas de modo honesto, as pessoas tendem a colaborar sem demonstrar hostilidades.

Para expressar apreço:

- *compreenda* o ponto de vista da outra pessoa;
- *identifique o mérito* nos pensamentos, sentimentos e ações dela;
- *comunique sua compreensão* por meio de palavras e ações.

Talvez você discorde do ponto de vista da outra pessoa. Tudo bem. Mas você deve compreendê-lo e identificar seus possíveis méritos.

O capítulo sobre o apreço vem logo no início do livro porque nos sentimos gratificados emocionalmente quando somos apreciados por nossas personalidades e ações. Além disso, é importante expressar apreço por nossa demanda emocional ligada à associação, autonomia, status e função. Nos próximos capítulos, explicamos como podemos lidar com essas quatro demandas estruturais.

CAPÍTULO 4

Construa sua Associação

Transforme Adversários em Colegas

No início da formação de negociadores, geralmente propomos o Exercício da Quebra de Braço. Certa vez, recebemos um grupo de 30 participantes, todos experientes em comércio exterior. Eles formaram duplas e receberam instruções para se sentarem um de frente para o outro, com os cotovelos direitos sobre a mesa. Cada participante tinha que segurar a mão direita do parceiro com sua mão direita, e ganhariam um ponto sempre que a parte de trás da mão do parceiro tocasse a mesa. O objetivo era acumular o maior número de pontos durante o exercício, e os participantes foram orientados a não se importar com os pontos obtidos pelos parceiros e a ficar de olhos fechados.

"Preparar. JÁ!"

Durante dois minutos, as duplas suaram a camisa enquanto os participantes tentavam empurrar a mão direita do parceiro contra a mesa. Mas, apesar de todo o esforço e da resistência dos colegas, quase ninguém conseguiu mais do que dois pontos.

Só houve uma exceção. Um participante percebeu, logo de cara, que o objetivo era acumular o maior número de pontos — *sem se importar com os pontos obtidos pelo parceiro*. Então, em vez de forçar a mão do colega, ele a colocou na mesa e cedeu um ponto rápido e fácil para o parceiro, que ficou surpreso; em seguida, ele ganhou um ponto rápido e, depois, cedeu outro ponto ao colega. Sem trocar nenhuma palavra, os dois parceiros, com os cotovelos sobre a mesa, começaram a virar rapidamente suas mãos entrelaçadas, acumulando uma grande quantidade de pontos.

Interrompemos o exercício e pedimos que os participantes informassem ao grupo o número de pontos obtidos. Nenhum deles acumulara mais de 3 pontos, exceto pela dupla que havia colaborado e obtido mais de 20 pontos individualmente.

Ao analisarmos o exercício, observamos que, apesar do uso recorrente da palavra *parceiro* e de os participantes terem sido orientados claramente a não ligarem para os pontos obtidos pelos colegas, praticamente todos partiram da premissa de que os outros indivíduos nas duplas eram seus adversários. Esse antagonismo instintivo dominou o pensamento deles e os impediu de conquistar o maior número possível de pontos.

A premissa de que o outro negociador é um adversário prevalece em muitas negociações. Em geral, essa ideia impede que os envolvidos tenham a melhor performance possível durante o processo.

O PODER DA ASSOCIAÇÃO

Os negociadores sempre se deparam com as diferenças, reais ou aparentes, uns dos outros. Nosso objetivo é encarar essas divergências de forma satisfatória e com o mínimo de desperdício de tempo e recursos. Esse processo só é implementado com eficácia quando colaboramos. Ao somarmos nossa inteligência e nossa percepção, ficamos mais bem preparados para gerar um resultado mutuamente satisfatório.

Essa cooperação depende, em grande parte, da associação. Como principal interesse, a *associação* indica nossa ligação com uma pessoa ou grupo. Trata-se do espaço emocional entre nós e eles. Quando nos sentimos associados a uma pessoa ou grupo, quase não percebemos a distância emocional que nos separa deles. A sensação é de "proximidade".

Quando nos sentimos associados, fica muito mais fácil colaborar. Passamos a ver nosso interlocutor não como um estranho, mas como um membro da "família". Tendemos a cuidar das outras pessoas, proteger seus interesses e zelar pelo seu bem-estar. Há menos resistência diante de novas ideias e mais abertura a novas perspectivas. A lealdade inspira honestidade e a busca por um acordo mutuamente benéfico, intensificando nosso comprometimento com a execução dos termos pactuados.

A associação se baseia em ligações *honestas*. Isso só ocorre quando nosso bem-estar é objeto de uma preocupação sincera, sem motivação puramente financeira. Vigaristas e operadores de telemarketing tentam forjar uma associação para ganhar dinheiro. Mas, assim que percebemos a indiferença deles, geralmente desligamos o telefone.

É COMUM IGNORAR OPORTUNIDADES DE ESTABELECER ASSOCIAÇÃO

Apesar do poder da associação, nem sempre investimos nela. Às vezes, não identificamos as *conexões estruturais* que compartilhamos com as outras pessoas — as funções que nos situam no grupo. Os negociadores podem ser colecionadores de moedas (um fator de aproximação), mas, se eles não descobrirem sua função em comum, nunca obterão nenhum benefício emocional. Além disso, não levamos a sério nosso poder de estabelecer *novas* funções que nos liguem como colegas, negociadores e solucionadores de problemas em comum.

Seja qual for a estrutura do relacionamento, muitas vezes não consolidamos nossas *conexões pessoais* — os laços emocionais que nos aproximam de alguém. Irmãos que vivem em comunidades diferentes podem se afastar e manter só uma comunicação esporádica. No entanto, estranhos que, por acaso, viajam lado a lado em um longo voo podem, em poucas horas, trocar histórias pessoais que nunca compartilharam com amigos próximos. Na negociação, o poder da conexão pessoal serve como uma ponte entre nós e eles.

Você pode incrementar suas associações, e explicaremos como fazer isso neste capítulo. Primeiro, sugerimos formas de melhorar a conexão estrutural com outras pessoas. Em seguida, apresentamos ideias para desenvolver conexões pessoais. Ao final, você aprenderá a se proteger de investidas disfarçadas de associação.

MELHORANDO A CONEXÃO ESTRUTURAL

Quando as pessoas compartilham uma conexão estrutural, fazem parte de um mesmo grupo. Podem ser irmãos, funcionários de uma organização ou fãs de um estilo musical. Em geral, pertencer ao mesmo grupo gera um nível de associação automática.

Há medidas práticas que consolidam suas conexões estruturais com o outro negociador, como encontrar e criar afinidades com seus colegas.

Encontre Afinidades

Quando você encontra uma conexão estrutural com seu interlocutor, a divergência passa a ser só um dos laços que ligam ambos ao processo. Outras conexões associam os negociadores, intensificam sua colaboração e servem como uma rede de segurança em caso de atritos.

Antes de negociar, procure possíveis afinidades entre você e o outro negociador. Para descobrir conexões estruturais, faça perguntas a colegas que conheçam o outro, obtenha seu currículo e pesquise a seu respeito na internet.

Quando se encontrar com a outra pessoa, inicie uma discussão sincera sobre algumas das afinidades que conectam ambos, como:

- Idade ("Hoje em dia, aposentadoria é uma opção bem atraente.")
- Nível hierárquico ("Seu chefe também cobra trabalho no fim de semana?")
- Família ("Você tem filhos? Como você equilibra sua vida profissional e pessoal?")
- Histórico ("Que coincidência! Seus pais nasceram em Berlim como os meus!")
- Convicção religiosa ("Você tem uma boa receita para a Páscoa [cristã ou judaica, por exemplo]?")
- Um interesse em comum, como trekking, música e xadrez ("Também gosto muito de esquiar. Vamos reunir nossas famílias para esquiar nas férias de inverno. Vai ser divertido!")

Também há afinidade entre parceiros comerciais, colegas de trabalho ou de sala de aula, amigos, conhecidos e ex-alunos da mesma universidade. Uma breve conversa sobre suas conexões estruturais pode estabelecer uma ligação. ("Você também frequentou a universidade X? Qual era o seu alojamento?")

Crie Novas Afinidades

Após as guerras dos anos 1990 na antiga Iugoslávia, alguns membros do Parlamento sérvio passaram a considerar os outros partidos políticos como adversários. Mas essa postura era péssima, pois a coalizão do governo era formada por dezessete partidos que precisavam negociar para tudo. Dan foi contratado para ensinar negociação baseada em interesses para os parlamentares sérvios. Depois de constatar a disseminação total de emoções negativas, ele lhes fez a seguinte pergunta: "Qual é o princípio fundamental da negociação na opinião de vocês?" Em uma única frase, um parlamentar resumiu a dinâmica que vinha atravancando tudo: "Enganar os outros antes que eles nos enganem!"

Quando duas pessoas — ligadas ou não por afinidades profissionais ou pessoais — atuam como *negociadoras*, elas quase sempre priorizam suas divergências. Essas diferenças podem ser políticas ou de outra natureza, mas sempre existe um desentendimento entre elas. As pessoas costumam encarar os negociadores como seus adversários, logo supondo que a estrutura da negociação é baseada no antagonismo. Isso explica o fracasso de muitas negociações.

Mesmo que haja conexões anteriores entre vocês, existem outras formas de estabelecer uma conexão com seus colegas.

Desde o início, trate o outro negociador como colega. Não permita que a suposta estrutura da negociação — baseada no senso comum sobre como negociadores devem se comportar — limite sua capacidade de ser construtivo. Confira estas ações simples para criar afinidades:

- *Promova um encontro em um ambiente informal.* Antes das importantes negociações entre o governo sul-africano e o Congresso Nacional Africano (ANC), Roelf Meyer, o negociador oficial, concordou em participar de um almoço na casa de campo de um amigo, sabendo que Cyril Ramaphosa, seu colega do ANC, também estaria lá para um fim de semana de pesca com mosca.

- *Faça uma apresentação informal, permitindo que eles o chamem pelo nome.* "Olá, meu nome é Sam Johnson. Vocês podem me chamar de Sam. Tudo bem se todos nos chamarmos pelo primeiro nome?"[1]
- *Trabalhem na mesma mesa, quando possível.* "Já que é para colaborar, vamos usar esta mesa."
- *Mencione a importância dos seus interesses.* "Pessoalmente, acho que nossas soluções terão que atender a interesses importantes para você e para nós. Tenho uma excelente compreensão dos nossos interesses, mas não estou tão certo de que entendo os seus. Se for possível, eu ficaria muito agradecido se você dedicasse alguns minutos a expor seus interesses mais importantes. Em seguida, eu poderia analisar rapidamente os nossos. Assim, definiremos melhor os principais interesses que orientarão nossos futuros acordos."
- *Destaque que a tarefa em questão é um encargo compartilhado.* "Agora temos que encarar o desafio de criar algo que satisfaça nossos chefes! Vamos anotar os pontos que achamos mais relevantes e avançar."
- *Evite dominar a conversa.* "Antes de prosseguir, quero fazer uma pausa e ouvir suas ideias e recomendações para melhorar o processo."

Expresse gratidão para o outro negociador. Segundo Benjamin Franklin, favores ajudam a construir vínculos entre as pessoas. No entanto, em vez de fazer favores, Franklin sugeriu que você deve recebê-los. Pegue um livro emprestado com alguém ou peça um favor pequeno e acessível. Quando demonstramos gratidão para as pessoas, elas sentem generosidade e empatia.

Planeje atividades conjuntas. Realizar uma tarefa construtiva com seu colega pode construir uma ligação estrutural típica de companheirismo ou amizade. Faça-se a seguinte pergunta: "Que atividade devo promover para estabelecer uma ligação entre nós?" Por exemplo, tensões políticas entre dois países podem ser reduzidas com atividades conjuntas de desenvolvimento econômico e programas de intercâmbio estudantil.

---

1 Os principais interesses podem ser desejos universais. Mas, geralmente, as táticas aplicáveis a cada interesse estão ligadas a culturas específicas. Uma cultura coletivista, por exemplo, pode considerar um insulto quando um colega novato sugere um tratamento informal a um profissional mais velho e experiente, usando apenas o nome. Não analisaremos essas variações culturais neste livro, mas o leitor deve ter em mente que talvez precise adaptar algumas das táticas indicadas aqui à sua cultura.

Na maioria das negociações, você pode convidar as partes envolvidas para uma sessão de brainstorming a fim de gerar ideias para lidar com as diferenças identificadas. Marque a reunião em um local menos formal, coloque as cadeiras em torno de uma mesa circular e, para quebrar o gelo, oriente os participantes a compartilharem histórias dos tempos de infância. Você também pode convidar membros da outra equipe e da sua para um restaurante, bar ou evento esportivo.

Tenha cuidado ao afastar as pessoas. As ligações estruturais podem ser facilmente destruídas se a outra pessoa se sentir excluída. Essa sensação de exclusão das atividades da equipe — de uma reunião, de uma conversa durante o café ou de uma enquete entre os colegas sobre o local de trabalho, por exemplo — pode ter efeitos emocionais intensos e surpreendentes. Um dia, em meio a uma sessão de coaching com Dan, uma alta funcionária do governo descreveu o terrível ressentimento de um colega que não fora convidado para uma importante reunião interdepartamental. Ele contava com o convite e se sentiu isolado em relação à organização e aos organizadores. Como retaliação, ele reteve, legitimamente, milhões de dólares em recursos do departamento que organizara a reunião. Só seis meses depois os fundos foram liberados.

Não convidar alguém para uma reunião pode parecer trivial, mas não é assim que a pessoa excluída percebe o episódio. Ao planejar, por exemplo, um almoço com os colegas na lanchonete ou uma reunião com os principais envolvidos em uma negociação, pondere se há alguém potencialmente sensível à exclusão. Determine se é oportuno convidá-lo para o encontro. Quais são os benefícios da inclusão? E os possíveis custos da exclusão? Um minuto de reflexão pode economizar horas de aflição. Se você resolver não convidá-lo, considere a opção de, pelo menos, entrar em contato para lhe explicar o motivo e evitar surpresas e a transmissão da notícia por outra pessoa.

REDUZINDO A DISTÂNCIA PESSOAL

Depois de aprender a construir conexões *estruturais*, vamos abordar outro aspecto da associação — as conexões *pessoais*. Esses são os laços pessoais que transmitem a sensação de proximidade ou distância entre as pessoas. Sem eles, os indivíduos questionam a honestidade uns dos outros, não escutam com atenção e, como bem sabe Roger, perdem até a capacidade de cancelar uma reunião:

> No início da década de 1990, alguns colegas e eu fomos convidados para ministrar workshops sobre negociação na África do Sul para os membros (todos brancos) do governo do presidente De Klerk, em Pretória, e para o Congresso Nacional Africano (ANC), em Joanesburgo. Mas, quando terminamos o workshop no governo, nossa equipe foi notificada de que o ANC havia cancelado o evento planejado para a semana seguinte.
>
> Então, fomos a Joanesburgo e nos reunimos com Cyril Ramaphosa, o secretário-geral do ANC e alguns colegas dele. Conversamos um pouco, e o workshop do ANC foi remarcado.
>
> Um dia depois do workshop, Ramaphosa ofereceu um almoço para a equipe. Como já éramos próximos naquela época, perguntei: "Por que você cancelou o workshop agendado?"
>
> "Porque ninguém o conhecia", ele respondeu.
>
> "Mas você já me conhecia", eu disse. "De fato, se bem me lembro, você chegou a me escrever uma carta perguntando sobre uma possível bolsa de estudos no Centro para Assuntos Internacionais, em Harvard."
>
> "Eu sabia tudo *sobre* você", Cyril respondeu. "Mas eu nunca tinha ouvido sua voz. Nunca tinha visto seus olhos. Nunca tinha tocado em você." Ele fez uma pausa, sorriu e balançou a cabeça levemente. "Eu não sabia quem você era."

Para a maioria das pessoas, um ser humano não se limita a um currículo. Conhecer alguém como pessoa e ter a capacidade de estabelecer uma conexão humana muitas vezes é fundamental para um bom relacionamento profissional. Mesmo nas negociações mais simples, os laços pessoais entre os negociadores podem ser cruciais.

Estabelecendo uma Conexão Pessoal

O nível de associação que uma pessoa sente em relação a outra tende a mudar, gradual ou rapidamente, conforme o caso. Sem a dedicação necessária para determinar a distância pessoal que nos separa do interlocutor, talvez não seja possível definir se estamos nos aproximando ou nos distanciando dele.

Por exemplo, dois irmãos discordam sobre a opção de colocar a mãe deles em um lar para idosos. A divergência os distancia. Se eles não pararem para pensar e determinar uma forma de melhorar sua conexão pessoal, talvez não consigam apoiar um ao outro enquanto acompanham o declínio da saúde da mãe.

A distância emocional ideal entre os negociadores pode ser comparada à distância física entre porcos-espinhos que tentam se aquecer em uma noite fria. Eles se aproximam, mas não ficam tão próximos a ponto de se ferirem nos espinhos um do outro. Em geral, a proximidade emocional é indicada pela distância física que mantemos em relação às pessoas; abraços e beijos demonstram uma maior proximidade emocional, enquanto um aceno frio e um rápido aperto de mão revelam uma maior distância emocional. Compreender os sinais físicos da distância emocional pode ajudá-lo a avaliar seu nível de associação em relação à outra pessoa e a determinar o risco de ultrapassar limites pessoais e exagerar na aproximação.

Confira estas quatro táticas para estabelecer conexões pessoais:

1. Priorize contatos pessoais em vez de usar telefone, computador ou e-mail. Conversas diretas são mais eficazes em reduzir a distância pessoal do que as interações por e-mail, mensagens ou telefone. Quando você conhece alguém pessoalmente, fica mais difícil estereotipá-lo e lhe atribuir ideias equivocadas. Seja entre israelenses e palestinos, funcionários e gerentes ou locatários e inquilinos, a interação pessoal humaniza as partes envolvidas na negociação e revela mais informações sobre o contexto. Quando as pessoas forem à sua sala, evite usar sua mesa como uma barricada. O ex-secretário de Estado Dean Acheson tinha o hábito de se levantar e passar para uma cadeira mais próxima do visitante. A mesa de Roger fica de frente para as estantes de livros na parede; assim, ele pode girar facilmente a cadeira, cumprimentar o visitante e convidá-lo a se sentar em uma cadeira próxima. Sem a barreira da mesa, pode ser bem mais fácil estabelecer uma conexão pessoal.

Quando conhecemos nosso interlocutor em pessoa, é possível continuar desenvolvendo a associação mesmo que as próximas interações não sejam presenciais. Isso porque já teremos captado o lado humano da outra pessoa, o que facilita a compreensão do seu tom de voz pelo telefone e o significado das suas palavras em uma carta.

Contudo, caso haja divergências, é mais eficiente lidar com elas diretamente do que por uma série de e-mails. Encarar seus problemas pessoalmente reduz o risco de falhas de comunicação. Os indivíduos comunicam seus sentimentos por meio da linguagem corporal, do tom da voz e do conteúdo da mensagem. Durante uma reunião pessoal, o volume da sua voz pode aumentar ou diminuir para indicar a intensidade dos seus sentimentos; não há esse tipo de controle em um e-mail.

2. *Converse sobre temas que você acha importantes.* Outra forma de estabelecer uma conexão pessoal é conversar sobre itens que achamos importantes. Temas inofensivos como trânsito e clima não ofendem ninguém nem revelam muito sobre nós. No entanto, as conversas de baixo risco tendem a reduzir bem pouco a distância pessoal.

Geralmente, conversas sobre temas pessoais são mais reveladoras — e deixam as pessoas mais vulneráveis e sensíveis a indiscrições —, mas trazem excelentes oportunidades para desenvolver a proximidade. Há muitos tópicos propícios à associação, como questões familiares e financeiras, reações emocionais diante de um tema, dúvidas sobre o futuro profissional e dilemas éticos.

Ao abordar esses temas, pedir conselhos é uma boa maneira de iniciar a conversa. "Não consigo de jeito nenhum fazer meus colegas chegarem pontualmente às reuniões. Você tem alguma sugestão? Como você lida com isso?" Compartilhar seus erros, pontos fracos e hábitos ruins também pode aproximá-lo emocionalmente das outras pessoas.

Estabelecer limites de confidencialidade pode mitigar o risco das conversas propícias à associação. Antes de receber conselhos do outro negociador para lidar com um problema pessoal ou profissional, diga, por exemplo: "Você poderia me orientar em uma questão pessoal? Tudo bem se essa conversa ficar só entre nós?" Depois de uma conversa sobre um tema pessoal, você pode dizer: "Vamos deixar esse assunto só entre nós, que tal?"

A Tabela 6 lista alguns tópicos que podem intensificar a associação e temas mais "seguros", que criam um maior espaço emocional quando a conversa começar a soar um pouco estranha ou ameaçar ultrapassar limites desconfortáveis para você ou para outra pessoa.

TABELA 6

TÓPICOS QUE INFLUENCIAM A ASSOCIAÇÃO

Assuntos Propícios à Associação que Reduzem a Distância Emocional	Assuntos Seguros que Preservam a Distância Emocional
Família	Clima
Planos e interesses pessoais	Bons restaurantes
Filhos, irmãos e pais	Trânsito
Opiniões pessoais sobre política	Bons programas de TV
Temas fora do âmbito profissional (histórias, convicções pessoais etc.)	Temas exclusivamente profissionais
Orientações (por exemplo, criação de filhos, problemas conjugais)	Automóveis
Papos sobre ambivalências e incertezas	Silêncio

Quando for difícil abordar determinados sentimentos na conversa, reconheça esse fato. Por exemplo, os líderes religiosos podem dizer aos grupos envolvidos em um conflito que as feridas ainda não estão cicatrizadas e inviabilizam qualquer conversa, algo natural e esperado. Nessa mesma linha, após a destruição do World Trade Center pelos ataques terroristas de 2001, alguns psicólogos incentivaram pessoas em choque a manifestarem sua experiência emocional, nem que fosse apenas para dizer: "Estou sem palavras." Esse reconhecimento consolida a associação, pois as pessoas revelam sua vulnerabilidade por meio dele. Em vez de ficar em silêncio, elas se abrem e expressam sua experiência interior, mesmo que essa vivência não seja definível com base em estados emocionais específicos.

3. Dê espaço para viabilizar a aproximação. Uma terceira tática para estabelecer uma conexão pessoal é dar bastante espaço para as outras pessoas — e para você mesmo. Para conceder mais liberdade, não é necessário comprometer a associação. Você pode pedir mais espaço de forma cortês, como aquele casal escocês que, em um fim de semana, cumprimentou seus convidados com uma saudação cordial ("Sejam bem-vindos!") para logo emendar: "Estamos lendo. O que vocês gostariam de fazer?"

Para construir uma associação, você não precisa compartilhar seus segredos mais íntimos. O objetivo de se associar ao outro negociador é humanizar os dois e não fazer novos amigos nem resolver problemas familiares. Estabeleça uma conexão pessoal suficiente para inspirar confiança mútua e lidar com problemas em conjunto e com eficácia.

Se as tentativas de desenvolver sua associação resultarem em uma aproximação excessiva, existe a opção de recuar. Talvez você tenha ido longe demais. Vez ou outra, todos sentem vontade de manter uma distância pessoal maior em relação às outras pessoas. Queremos tempo para nós mesmos, para relaxar, para pensar, para ficar sozinhos. Se a conversa ficar pesada, íntima, próxima ou pessoal demais, sempre é possível abordar um "assunto seguro" ou fazer uma pausa e iniciar outra atividade.

Ao construir uma associação com uma pessoa em quem você não confia totalmente, restrinja as informações que serão compartilhadas com ela. Imagine um colega próximo que tem várias qualidades maravilhosas, mas é adepto de fofocas de escritório. Nessa situação, não fale com ele sobre os problemas da empresa se não quiser que seus colegas saibam. Ainda assim, você pode estreitar sua associação com ele fazendo confidências sobre seus problemas conjugais, informações que, na sua opinião, ele manterá em sigilo.

4. Mantenha contato. Finalmente, para consolidar sua conexão pessoal, fale de vez em quando com a outra pessoa, mesmo se ela trabalhar em outra organização. A associação não é um fenômeno estático. Ela muda com o tempo. Como a maioria dos relacionamentos pessoais, a associação também precisa de manutenção frequente. Você não pode ignorar seu cônjuge e esperar uma associação tão intensa quanto a que vocês tiveram no passado. Para preservar sua associação, é necessário dar atenção ao lado humano das pessoas. Por exemplo, convide um membro da equipe para almoçar, pergunte como ele está, como vão os filhos dele etc.

Facilitando a Construção de uma Conexão Pessoal

Apesar de conhecermos o valor de uma conexão pessoal, não nos dispomos a construí-la. Sem base para criar confiança, ficamos apreensivos com a possibilidade de truques do outro lado. E mesmo quando confiamos nos interlocutores, nossos colegas e eleitores podem nos criticar.

Há três maneiras de facilitar a construção de uma conexão pessoal: promover reuniões fechadas, reformular a imagem de um conflito perante o público e organizar subcomissões para abordar questões específicas.

Roger aplicou algumas dessas táticas em uma negociação trabalhista bastante complexa. Isso ocorreu quando ele trabalhava com o vice-presidente de uma grande empresa norte-americana que tentava melhorar sua relação profissional com o chefe do sindicato. O sindicato e a empresa viam seu relacionamento como essencialmente antagônico. Durante várias semanas, as negociações abordaram questões como salários, benefícios, estabilidade e mais uma série de pontos. As partes envolvidas ficaram irritadas, frustradas e agitadas. Bateram o pé e se recusaram a ceder de suas demandas estritas diante das exigências do outro lado. Essa relação antagônica estava tão arraigada na empresa que havia uma Sala de Negociação exclusiva para reuniões entre funcionários e administração. Uma grande mesa de madeira atravessava o local, com cerca de vinte e cinco cadeiras de cada lado. Atrás delas, havia mais cinquenta cadeiras para as equipes de apoio. Os negociadores se sentavam frente a frente, em fila como tropas prontas para a batalha.

Roger recorda como era essencial melhorar a associação entre os dois grupos:

> Primeiro, tentei mudar o local da reunião. No final do corredor da Sala de Negociação, havia uma sala de conferências com uma grande mesa redonda e cadeiras para que todos se sentassem lado a lado. Distribuí os cartões de identificação dos participantes alternadamente ao redor da mesa. Os dirigentes sindicais entraram na sala de reuniões, viram seus nomes ao lado dos cartões da administração e ficaram apreensivos. Eles vieram até mim e disseram: "O que está acontecendo? Isso é um truque? Queremos ficar perto da nossa equipe. Se a reunião não for realizada na outra sala, estamos fora." Havia tão pouca confiança entre esses grupos que o encontro acabou voltando para a mesa grande e não houve nenhum avanço.
>
> Contudo, devido ao clima tenso, o sindicato e a administração queriam prolongar os debates. Percebi que a interação direta ajudava a reduzir a distância pessoal entre os adversários. Então, convidei o vice-presidente e o chefe do sindicato para um encontro informal na

minha sala na Harvard Law School a fim de definir opções para resolver a cisão estrutural entre a administração e o sindicato.

Assim que se sentaram, eles começaram a bater um papo dos mais calorosos e produtivos; foi surpreendente.

Peguei a câmera que estava na gaveta da mesa para registrar aqueles sorrisos, movido pela expectativa de usar uma das fotos para lembrá-los futuramente da ligação pessoal e a cordialidade que haviam demonstrado.

Logo que viram a câmera, os dois se mostraram veementemente contrários à foto. Ambos tinham receio da impressão que a imagem passaria aos seus aliados. Para a alta administração da empresa e os membros do sindicato, eles eram adversários implacáveis, sempre dispostos a lutar vigorosamente até a vitória. Os dois temiam que uma foto deles confraternizando em um encontro fechado causasse danos irreparáveisà sua relação com as respectivas bases de apoiadores. Quando vissem a imagem, os executivos poderiam concluir que o responsável pelas relações trabalhistas estava "mancomunado" com o sindicato e, portanto, não era mais confiável como representante da empresa em sua árdua batalha contra "o inimigo". Já o presidente do sindicato receava que a foto pudesse prejudicá-lo gravemente perante os membros da entidade, que talvez pensassem que o líder sindical estava enfraquecendo secretamente a posição deles ao estabelecer ligações próximas com a administração.

A reunião prosseguiu, produtiva e menos agitada. Facilitei uma sessão coletiva de brainstorming a fim de encontrar soluções para os problemas mais polêmicos dos grupos. Os líderes propuseram formas de atender aos interesses essenciais das partes envolvidas. Naquele ano, não houve greve.

Promova reuniões privadas e informais. Analisando a intervenção de Roger, fica claro que ele reconheceu a importância de construir conexões pessoais entre os negociadores. Ele quis desenvolver um contexto favorável à colaboração. Sua primeira tentativa — colocar os negociadores ao redor de uma mesa redonda — não deu certo. Mas ele persistiu. No terreno neutro da sala de Roger, os líderes se reuniram informalmente. Esse contexto viabilizou uma conversa amistosa entre os líderes sobre suas futuras ações.

Reformule a imagem do conflito perante o público. Às vezes, conexões pessoais fortes não são suficientes para viabilizar um relacionamento colaborativo entre os negociadores. Embora os representantes do sindicato e da administração tivessem demonstrado uma relação surpreendentemente boa na sala de Roger, publicamente, eles cultivavam a imagem de inimigos. Esses líderes não queriam se arriscar revelando aos seus apoiadores a proximidade e a confiança que sentiam um pelo outro, pois seriam vistos pelas suas bases como traidores da causa. No entanto, Roger e eles perceberam que incentivar boas relações entre os dois grupos ampliava sua capacidade de lidar com problemas.

Em algumas circunstâncias, líderes inteligentes devem demonstrar ao público que estão colaborando para resolver problemas controversos. Isso pode ser feito com uma imagem deles sentados lado a lado, cooperando em uma questão que diz respeito a ambos.[2] Eles também podem escrever um artigo de jornal ou criar e distribuir um e-mail com um texto sobre a meta de resolver problemas juntos.

Organize subcomitês para trabalhar com questões específicas. Reformular a imagem pública não era oportuno para os líderes do sindicato e da administração, cujo maior receio era revelar sua conexão pessoal e correr o risco de alienar suas bases de apoiadores. Nesses casos, há opções para reduzir a cisão estrutural entre os grupos. É possível, por exemplo, criar subcomitês para lidar com benefícios, salários, estabilidade e outras questões controversas. O subcomitê deve incluir representantes dos trabalhadores e da administração que, juntos, criarão formas inovadoras de lidar com o ponto focal do grupo. As reuniões devem ser fechadas, e nenhum compromisso expressivo deve ser pactuado. Sem a pressão de assumir compromissos definitivos, os participantes ficam estruturalmente ligados como uma equipe de inovadores voltados para a resolução de um problema em comum. Com o tempo, o trabalho desses comitês pode reduzir a cisão estrutural e gerar recomendações que facilitarão a tomada de decisão colaborativa.

Além disso, os líderes podem sempre renomear seu processo de negociação. Comumente, os funcionários e a administração utilizam a abordagem

---

2 Por exemplo, na página 193 há uma fotografia do presidente Jamil Mahuad, do Equador, e do presidente Alberto Fujimori, do Peru, colaborando para resolver uma questão de fronteira.

conhecida como *negociação coletiva* para lidar com suas divergências. Mas, nessa acepção, a negociação surge como um processo antagônico, calcado na ideia de toma lá dá cá. "Só aumentaremos o valor dos benefícios se vocês reduzirem as horas de férias reivindicadas." Então, basta mudar o nome para *negociação baseada em interesses* ou *solução conjunta de problemas* para destacar que a associação entre os negociadores não precisa ser baseada em antagonismo.

COMO SE PROTEGER DE MANIPULAÇÕES POR ASSOCIAÇÃO

Até aqui, dissemos que você deve construir associações fortes. No entanto, quanto mais forte for sua associação com uma pessoa, maior será sua tendência instintiva a dizer sim a todos os pedidos dela. Isso pode colocá-lo em uma posição vulnerável.

Decisões inteligentes envolvem sua mente e seus instintos. Ambos são boas fontes de ideias inovadoras, mas também são excelentes dispositivos de triagem para você eliminar ideias ruins e selecionar as melhores. Antes de assumir compromissos, ouça o que dizem sua mente e seus instintos.

Ouça o Que Sua Mente Diz sobre Uma Proposta

Uma associação forte pode levar a decisões erradas. Um colega pode usar a pressão do grupo para nos influenciar a fazer algo. Os adolescentes usam essa tática para pressionar os amigos a beber ou fumar cigarros. "Todo mundo fuma. Toma aí, acende um." Da mesma forma, o outro negociador pode usar a associação que tem com você para pressioná-lo a fechar um acordo.

> Como seu colega e amigo de longa data, meu pedido não é nenhum sacrifício. Então, que tal dizer sim?

Você está sob pressão emocional, e a proposta de acordo pode até ser boa. Na verdade, talvez ela seja excelente. Mas, antes de seguir o que dizem suas ligações pessoais e sua associação emocional, pare um pouco. Ouça o que sua mente diz sobre o acordo. De fato, memorize uma ou duas frases para lidar com esse tipo de pressão:

> Não prometo nenhuma posição favorável com antecedência. Mas, já que você me pediu, vou olhar de novo com a mente aberta e falar com você pela manhã.

Tomar uma decisão ruim traz repercussões negativas para você e, muitas vezes, para o outro lado. Se você for enganado e acabar comprando um carro incompatível com as necessidades da sua família, provavelmente se arrependerá da compra. O carro pode não ser tão bom quanto você imaginou, então você se repreende duramente por ter sido ludibriado. Para o revendedor, a situação também não é muito confortável. Ele pode perder futuros clientes se você falar sobre seu arrependimento para outras pessoas, maculando a reputação dele.

Antes de tomar uma decisão, ouça sua razão — sua mente. Se você estiver pensando em comprar um carro novo, primeiro pesquise informações básicas sobre os modelos mais interessantes: O que a *Consumer Reports* diz sobre a segurança, o consumo, a durabilidade e a garantia do veículo? Na internet, quais são os preços de venda dos diferentes modelos? Qual é a MAAN — sua Melhor Alternativa a um Acordo Negociado? Se você não fechar um acordo com o revendedor, qual é sua outra opção? Que carro você comprará e a que preço? E quanto custaria esperar mais algumas semanas para comprá-lo?

Também Ouça Seus Instintos

Você não precisa suspeitar excessivamente de todas as pessoas com quem interage. Na verdade, desconfiar de todo mundo muito provavelmente reduzirá seu poder de negociar com base na associação. Mas fique esperto. Antes de tomar uma decisão importante, não dê ouvidos apenas à sua razão; ouça também seus sentimentos.

Seja quem for que tenha influenciado a decisão — um amigo, um anúncio ou um comercial de TV —, os sentimentos transmitem muitas informações úteis. Isso geralmente se aplica a comprar um carro novo, procurar um emprego, demitir um colaborador ou contratar um novo funcionário. E, comumente, você aprende bastante prestando atenção ao seu corpo ao tomar decisões importantes. Pedir orientações a outras pessoas pode ser de grande ajuda, mas também há muito o que aprender quando refletimos sobre nossos sentimentos. Então, relaxe, não se apresse e pondere sobre questões como:

- Como estou me sentindo com relação a esta decisão? (Receoso? Feliz? Confiante? [*pausa longa*] Sinta seus sentimentos.)
- Se eu dissesse não, como me sentiria amanhã de manhã? (Aliviado? Desapontado? Frustrado? [*pausa longa*] Feche os olhos; ouça seus instintos.)
- Se eu dissesse sim agora, como me sentiria amanhã de manhã? (A decisão parece correta? Por quê?)

A diferença entre seus *pensamentos* e seus *sentimentos* é útil, mas nem sempre é tão clara quanto a linguagem sugere. Por exemplo, ao concluir que não se *sentiria* bem se fizesse algo, você está considerando apenas a sua reação emocional diante dessa ação ou antecipando as críticas de um amigo ou colega? Quando você tem uma associação muito próxima com alguém, seus sentimentos diante de uma possível ação (ao escolher roupas para vestir, por exemplo) talvez não sejam uma reação emocional interna, intuitiva ou instintiva, mas uma previsão acerca dos sentimentos da pessoa com quem você está associado. Ao ouvir seus instintos e sua intuição para determinar suas possíveis emoções em relação a algo, tome cuidado para não substituir seus sentimentos pelas supostas sensações da outra pessoa. Use sua mente e seu faro para se proteger de manipulações por afiliação; a qualidade das suas decisões aumentará bastante.

RESUMO

Com uma associação consistente, a colaboração fica mais frequente e produtiva. A associação se baseia em dois aspectos:

- *Conexões estruturais:* São ligações que existem entre você e outra pessoa quando ambos pertencem a um mesmo grupo. Para consolidar suas conexões estruturais, encontre ou crie afinidades com alguém.
- *Conexões pessoais:* São laços pessoais que ligam você a outra pessoa. Conversar sobre assuntos pessoais pode reduzir a distância entre vocês. Mas, lembre-se, também é necessário dar bastante espaço às pessoas.

CAPÍTULO 5

Respeite a Autonomia

Amplie a Sua (e Não Restrinja a das Outras Pessoas)

Pare de ler este livro. *(Agora!)* Talvez você queira mesmo guardar este livro na estante, mas muito provavelmente não quer que ninguém lhe mande fazer isso. E com razão. Quando *mandamos* você fazer algo, restringimos sua autonomia — sua liberdade de tomar e influenciar decisões.

Todos querem ter um nível adequado de autonomia. Imagine que você esteja sendo algemado por um policial; as algemas restringem o uso das suas mãos. Elas restringem sua autonomia, mesmo que você não queira fazer nada com as mãos agora.

Quando *nós* exercemos muita autonomia, nossas ações às vezes passam a impressão de restringirem a autonomia das *outras pessoas*. Vamos conferir o caso de "Elizabeth", uma experiente advogada corporativa que se envolveu em uma negociação que, à primeira vista, seria apenas uma "aquisição simples e consensual":

> Cheguei ao Aeroporto O'Hare junto com dois advogados para nossa primeira reunião com John, o advogado da outra parte. Ele estava sozinho. E pareceu surpreso e aparentemente bastante frustrado quando viu os dois jovens advogados que me acompanhavam.
>
> "Pensei", ele disse, "que esta seria só uma reunião preliminar entre nós, para fins de apresentação e elaboração de planos com base na proposta de agenda que lhe enviei. Agora, estamos claramente diante de uma longa negociação."

"Mas", eu disse, "foram meus dois colegas aqui que prepararam a versão preliminar para o acordo definitivo. Quero contar com a presença deles durante a nossa conversa."

"Versão do acordo definitivo!", ele exclamou. "Isso soa terrivelmente agressivo. Você está trazendo sua equipe e uma versão do acordo? Isso tudo antes mesmo de nos conhecermos? De qualquer forma, minha esposa está nos esperando para jantar hoje à noite; lá poderemos conversar."

"Jantar? Desculpe, eu não sabia disso. Tenho outros planos."

"Tenho que ligar para minha esposa e cancelar o jantar", ele disse. "Então, quero convidá-la agora para uma reunião pessoal na Sala de Conferências B, que reservei no andar de cima. Lá, poderemos deliberar sobre a possibilidade de expandir a reunião e chamar seus dois colegas."

"De acordo", respondi.

"No entanto", ele disse, "eu não sei se, no momento, há uma sala maior disponível".

Evidentemente, a negociação não começou com o pé direito. Ao que parece, nenhum dos negociadores havia determinado que decisões poderiam ser tomadas de modo adequado sem o envolvimento do outro. Até mesmo em questões banais de logística, as emoções podem se expandir rapidamente. Geralmente, isso não ocorre porque alguém toma uma decisão *errada*, mas porque a decisão é tomada sem o conhecimento do outro. Como negociador, prepare-se para lidar com problemas se uma decisão sua, com efeitos sobre a outra pessoa, tiver alguma destas respostas:

"Não concordei com isso!"

"Não fui consultado!"

"Nem fui informado!"

Costumamos ficar ofendidos quando limitam o escopo de nossa autonomia de modo inadequado. Às vezes, somos pressionados a aceitar a demanda do outro: "Essa é a nossa última oferta — é pegar ou largar." Em outros casos, limitam nosso raciocínio: "Nem *pense* em desistir desse acordo." Também tentam nos dissuadir de sentir certas emoções: "Não fique triste por não ter fechado o acordo. Deixa pra lá."

OBSTÁCULOS AO USO INTELIGENTE DA AUTONOMIA

Quando não administramos bem a autonomia, ela pode estimular emoções negativas em nós e nas outras pessoas, prejudicando o resultado da negociação. Aqui, há dois obstáculos importantes.

Limitamos Nossa Autonomia Sem Necessidade

No cotidiano, geralmente temos autonomia para decorar nossas salas, escolher o almoço e definir a hora de dormir. No entanto, em uma negociação, muitas vezes não percebemos as muitas formas possíveis de exercer autonomia. Chegamos a limitar nossa autonomia porque não nos sentimos capazes de efetuar mudanças e influenciar outras pessoas. Se não somos o principal tomador das decisões, por exemplo, que domínio temos sobre a negociação? Como veremos, *não* ter autoridade também traz poder.

Restringimos a Autonomia das Outras Pessoas

Quando nossa autonomia colide com a autonomia da outra pessoa, parece que estamos andando em um campo minado sem nenhum mapa. Em se tratando de autonomia, um passo em falso pode arruinar toda a negociação. Quando o interlocutor percebe que sua autonomia foi restringida, tende a ter menos confiança em nós, rejeitar nossas ideias (úteis ou não) e se dedicar bem pouco a implementar o "nosso" acordo.

Então, para estimular emoções positivas, você deve:

- Ampliar sua autonomia;
- Evitar restringir a autonomia da outra pessoa.

AMPLIE SUA AUTONOMIA

O poder da autonomia está, principalmente, na capacidade de influenciar decisões. Em geral, erramos quando supomos que não temos nenhum poder se não estivermos aptos a autorizar decisões. E, se as outras pessoas não têm essa autoridade, achamos que *elas* não têm nenhum poder e que não são dignas de nota. Por que negociar com um advogado novato se ele não está autorizado a fechar acordos? Quando representamos um cliente, por que participar de uma reunião com a outra parte se não tivermos autoridade para tomar decisões? Receamos que nossas ideias e personalidades sejam consideradas "fracas".

Não limite sua autonomia sem necessidade. Existem opções muito eficazes para influenciar decisões mesmo que você não tenha autoridade para tomá-las. Faça uma recomendação a alguém, defina opções antes de decidir e promova um brainstorming em grupo.

Faça uma Recomendação

Só você pode limitar sua capacidade de fazer recomendações. Se não estiver gostando da abordagem da sua empresa a um determinado problema, crie alternativas eficientes. Não limite sua criatividade para resolver e abordar problemas. Responda às seguintes perguntas:

- Qual problema devo abordar?
- Quem devo influenciar?
- Qual recomendação devo fazer?
- Como posso transmitir minha recomendação para o tomador de decisão?

Defina Opções Antes de Decidir

A capacidade de influenciar uma negociação não depende da autoridade necessária para tomar decisões definitivas. Com o brainstorming, você concebe decisões que poderão ser tomadas posteriormente. Isso é mais viável quando não temos o poder de estabelecer compromissos e, portanto, podemos falar à vontade. Nesse caso, as partes envolvidas podem pensar "fora da caixa". Sua falta de autoridade para tomar decisões resolutivas lhe dá maior autonomia para conceber novas ideias e possibilidades. Sem o risco de prejudicar sua autoridade com seus comentários, você escapa da pressão de atrelar seus interesses e os do seu cliente a uma decisão ruim.

Roger lembra a forma como ampliou sua autonomia durante a crise dos reféns no Irã:

> No outono de 1979, a embaixada dos Estados Unidos em Teerã foi tomada. Muitos diplomatas e funcionários foram mantidos reféns por meses a fio. Na primavera de 1980, o presidente Carter tentou realizar um resgate por helicóptero. A tentativa falhou.
>
> Pouco depois, recebi uma ligação de Lloyd Cutler, consultor jurídico da Casa Branca, solicitando minha ajuda. Cutler disse expressamente que eu não tinha autoridade para fechar nenhum tipo de acordo. Ele estaria disponível 24 horas por dia nas linhas da Casa Branca. Claro, ele havia concluído que, se um representante do governo tentasse fazer um brainstorming com os iranianos, ele provavelmente passaria a impressão de estar negociando possíveis concessões do governo norte-americano. As palavras do representante oficial poderiam ser interpretadas como propostas e incentivariam os iranianos a fazerem mais exigências.
>
> Como professor sem vínculos institucionais, trabalhando em uma pequena ONG, compreendi que minha missão era criar um pacote que poderia ser recomendado às duas partes envolvidas na questão.
>
> Através de um estudante iraniano, entrei em contato por telefone com o aiatolá Beheshti, dirigente do Partido Republicano Islâmico; seu inglês era excelente. Beheshti aparentemente havia se informado sobre mim. Sua postura era incrivelmente amistosa. Nossa conversa foi mais ou menos assim:
>
> ROGER: "Quais são os interesses do Irã? O que vocês querem?"
>
> BEHESHTI: "Vou dizer o que *não* queremos. Não queremos que os tribunais de Nova York decidam sobre nossas reivindicações financeiras."
>
> ROGER: "Então, quem deve decidir as questões financeiras? Os tribunais iranianos?"

BEHESHTI, rindo: "Não, nada isso. Que tal uma arbitragem em Haia?"

ROGER: "Na sua opinião, o Irã vai aceitar a arbitragem?"

BEHESHTI: "Neste momento, assumo o compromisso, em nome do Irã, de aceitar a arbitragem em Haia. Você vai fazer o mesmo em nome dos Estados Unidos?"

ROGER: "Como eu lhe disse, não tenho autoridade para assumir compromissos em nome dos Estados Unidos. Se conseguirmos definir alguma opção, posso fazer uma recomendação à Casa Branca. O que mais o Irã quer?"

Beheshti listou uma série de questões que um diplomata dos EUA teria dificuldades em discutir sem a retórica habitual. No entanto, naquela conversa, os interesses reais por trás das posições iranianas vieram à tona.

BEHESHTI: "As sanções têm que acabar."

ROGER: "Nossa. Preciso de bons argumentos para recomendar o fim das sanções ao governo dos EUA."

BEHESHTI: "Primeiro, já fomos punidos o suficiente."

ROGER: "Bem, o presidente Carter poderia dizer isso, mas não há um padrão claro que determine uma punição 'suficiente' neste caso. Preciso de mais argumentos."

BEHESHTI: "Bem, se as sanções continuarem, a região inteira estará em risco de desestabilização."

ROGER: "Explique esse ponto, por favor. Por que isso ocorreria?"

BEHESHTI: "Você não vê? O seu governo não está entendendo a questão?"

ROGER: "Não posso falar pelos Estados Unidos, mas *eu* não entendo. Por que as sanções podem desestabilizar a região?"

BEHESHTI: "Para permitir a importação e a exportação de itens vetados pelas sanções, os agentes públicos dos dois lados da fronteira recebem propinas. Enquanto essa situação perdurar, nós e os governos vizinhos vamos exercer cada vez menos controle sobre as áreas de fronteira."

ROGER: "Esse é um bom argumento. Preciso de mais um."

BEHESHTI: "Tenho que pensar um pouco. Ah, se os Estados Unidos não revogarem as sanções no ato da libertação dos reféns, não terão outra desculpa melhor para fazer isso no futuro."

ROGER: "Gostei desse ponto. Sem dúvida, vou transmiti-lo à Casa Branca."

Ao deixar claro que, apesar do seu acesso a representantes da Casa Branca, ele não tinha autoridade para assumir compromissos em nome do governo dos Estados Unidos, a autonomia de Roger para explorar interesses e gerar um pacote político foi ampliada. Ele podia falar livremente, sem o risco de que seus comentários fossem interpretados como compromissos ou concessões secretas que o governo estaria disposto a fazer. Ao exercer uma função informal, ele foi mais eficaz em viabilizar um possível acordo do que se tivesse autoridade para tomar uma decisão resolutiva. Ao mesmo tempo, essa posição informal também facilitou a atuação de Beheshti, que não precisou lidar com o jogo de compromissos entre governos.

Em quase todas as negociações, é útil separar os momentos da definição de opções e da decisão. Se Kate e Steve quiserem comprar um carro novo para ele, podem optar por Steve ir sozinho conferir alguns veículos, sentar-se neles e testar um ou dois dos seus favoritos.

Lá, no entanto, Steve percebe que está sendo pressionado por um vendedor a comprar um carro. Talvez o vendedor tenha feito uma verificação de crédito, recitado seu discurso de venda ou perguntado quanto ele está disposto a gastar. Inteligente, Steve deixa claro para a equipe de vendas que não pretende fechar um acordo sem consultar a esposa. Os dois terão que decidir juntos. Sob pouca pressão, ele amplia sua autonomia para analisar vários carros, e a compra passa a ser divertida em vez de estressante.

Agora, Steve e Kate passam da análise das opções para a conclusão do acordo. Steve diz a Kate quais são seus carros favoritos. Ele pesquisa na internet os custos desses carros novos para a concessionária, enquanto ela liga para alguns revendedores e pergunta os preços de venda. Eles listam os prós e os contras de cada carro e do tratamento dispensado pelos revendedores a

Steve. No mínimo, um bom relacionamento com o revendedor é importante em caso de problemas com o veículo.

Eles vão até o revendedor mais próximo, onde o carro desejado está à venda a um preço baixo. Lá, Kate e Steve analisam um pacote com itens adicionais, preço e data de entrega. Quando eles e o revendedor definem um pacote razoável, Kate e Steve exercem sua autonomia para assumir um compromisso definitivo — e compram o carro.

Promova um Brainstorming em Grupo

A terceira forma de ampliar a autonomia é promover um brainstorming em grupo. Nesse processo, você e seu interlocutor analisam as opções sem decidir, refinam as alternativas e decidem entre elas. Para experimentar o brainstorming em grupo ao negociar uma transação comercial ou uma política pública, siga as cinco etapas indicadas na Tabela 7.

TABELA 7

AS CINCO ETAPAS DO BRAINSTORMING EM GRUPO

1. *Defina os participantes.* • Selecione de seis a doze pessoas com conhecimento sobre o tema e diferentes pontos de vista; • Escolha alguns participantes com acesso a um tomador de decisão; • Convide os participantes para atuarem como indivíduos e não como representantes; • Se os participantes tiverem opiniões fortes sobre o tema, considere a opção de incluir um facilitador.
2. *Explore os interesses.* • Os participantes de cada "lado" elaboram em grupo a melhor estimativa possível dos interesses do outro lado; • Os dois lados compartilham suas listas e pedem feedback e "correções" um para o outro.

3. ***Defina opções sem assumir compromissos.***
   - Expresse a mensagem: "Nada do que for dito nesta fase implicará em um compromisso.";
   - Os participantes geram ideias que atendam aos interesses centrais do grupo como um todo;
   - Seja receptivo a ideias extravagantes. (Elas podem levar a alternativas melhores.);
   - Liste todas as ideias em um flip chart para que todos possam vê-las.

4. ***Refine as opções.***
   - Todos os participantes apontam as ideias que melhor atendam aos interesses do grupo como um todo;
   - O grupo seleciona uma lista menor de opções que mereçam uma análise mais profunda;
   - O grupo aperfeiçoa essas ideias até convertê-las em possibilidades operacionais;
   - Os participantes simplificam cada ideia até a palavra "sim" se tornar uma resposta suficiente e realista.

5. ***Decida o que fazer com as ideias.***
   - Indique os decisores a quem essas opções serão recomendadas;
   - Mobilize voluntários para transmitir as ideias aos decisores;
   - Se alguns dos participantes forem decisores, peça orientação a eles: "Existe algo que podemos fazer para facilitar o seu sim?".

Até mesmo em conflitos turbulentos no plano emocional, como os divórcios, o brainstorming em grupo pode ser uma boa técnica. Quando um casal com filhos se divorcia, todos enfrentam uma combinação de questões difíceis e emoções fortes. Talvez o exemplo mais claro seja o marido e a mulher que negociam a guarda dos filhos em um divórcio amigável. É muito provável que a autonomia de um cônjuge se oponha à autonomia do outro. Uma lista de questões controversas inclui decisões sobre horários de visitas, organização doméstica, planos de saúde, orientação religiosa e ensino.

A questão central — qual dos pais tem a autonomia necessária para tomar decisões sobre o filho — provavelmente trará emoções fortes. Geralmente, a possibilidade de um divórcio tolerável para todos depende de os pais colaborarem ou recorrerem a um mediador ou facilitador para promover um brainstorming em grupo.

Claro, a esposa ou o marido podem ignorar esse brainstorming complexo e solicitar o divórcio diretamente ao tribunal. Um juiz atarefado pode exercer sua autonomia e resolver a questão em poucos minutos — geralmente causando prejuízo financeiro e emocional para todos, exceto, talvez, para os advogados e autoridades tributárias. Os ex-cônjuges, seus filhos e os advogados podem agora passar anos discutindo sobre questões que teriam sido resolvidas de maneira mais inteligente e menos dispendiosa por meio do brainstorming em grupo.

Em outras situações, os membros de uma organização ou grupo têm pouca autoridade ou a deixam de lado. Durante o brainstorming em grupo, eles podem elaborar formas de comunicar suas recomendações a um determinado tomador de decisões. Os participantes podem escrever um memorando, juntos ou individualmente, ou compartilhar sugestões verbalmente com os tomadores de decisão.

Advertência: Autonomia Demais Pode Ser Terrível

Às vezes, o problema não é a falta de autonomia, mas uma terrível situação em que ficamos sobrecarregados por muitas opções e decisões a tomar. Viktor Kremenyuk, um soviético especialista em negociações, estava almoçando com Roger em um restaurante de Cambridge. A garçonete entregou ao nosso colega soviético um cardápio extenso e complicado:

"O senhor já quer fazer seu pedido?"

"Vocês têm um prato especial? Ok, vou querer esse."

"Qual ponto da carne o senhor prefere? Ao ponto, bem-passada ou malpassada?"

"Ao ponto me parece ótimo. Obrigado."

Pensando que havia concluído a operação, Kremenyuk voltou a conversar com Roger. A garçonete então perguntou:

"Como o senhor prefere as batatas? Assadas, em purê ou fritas?"

"Assadas, por favor. Obrigado." Novamente, ele tentou retomar a conversa com Roger.

"O senhor deseja uma salada?"

"Sim, obrigado."

"Que tipo de salada: Caesar, Cobb ou a salada da casa?"

"A salada da casa, por favor. Obrigado."

"E que tipo de molho o senhor gostaria na salada?"

"O que você colocarem está ótimo."

"Óleo e vinagre? Molho russo? Queijo azul?"

"O que você recomendar está ótimo!"

"Pode escolher, senhor."

"Tudo bem. Quero o queijo azul. Agora, onde estávamos, Roger?"

Enquanto a garçonete se afasta, Kremenyuk exclama: "Recebo diárias, e estou pagando por esta refeição. Nem meus amigos me fazem trabalhar tanto por comida. Em Moscou, quando peço o prato especial, recebo o especial."

Com a autonomia, como nos outros principais interesses, devemos atingir um grau *adequado* de satisfação. Autonomia demais nem sempre é a melhor opção. A quantidade de decisões a serem tomadas pode nos sobrecarregar.

NÃO RESTRINJA A AUTONOMIA DAS OUTRAS PESSOAS

Muitas vezes, quando *temos* autoridade para tomar decisões, não incluímos no respectivo processo as pessoas atingidas pelas nossas decisões. Ao excluí-las, corremos o risco de restringir a autonomia delas — e encarar sua raiva e seu ressentimento.

Os negociadores geralmente não têm consciência do impacto emocional das suas decisões unilaterais. Ficamos surpresos quando o outro lado anuncia: "Nossa próxima reunião será na minha sala às 10h da quinta-feira." Eles focam os méritos da decisão e ignoram o processo que gera a decisão em questão. De fato, a sala do outro lado pode ser o melhor lugar para a reunião. Eles podem se sentir mais confiantes e expansivos na própria sala, e nós podemos sair quando quisermos. Não é desconcertante o conteúdo da decisão, mas sim a forma como ele foi obtido. Fomos incluídos ou excluídos do processo? A resposta dessa pergunta provavelmente influenciará não apenas nossos sentimentos em relação à decisão, mas também o que sentimos em relação ao trabalho com a outra pessoa.

Vamos conferir um episódio vivenciado por Roger e sua esposa, Carrie, enquanto dirigiam até o norte de Vermont, onde ocorreria a festa de aniversário de um amigo. Pouco depois de saírem, eles pararam para comprar duas plantas caras a fim de presentear seus anfitriões. A caixa apontou que, naquele dia, os clientes que comprassem acima de US$25 receberiam uma dúzia de rosas como bônus especial. Roger propôs que ela registrasse as duas plantas como duas vendas e lhes desse duas dúzias de rosas grátis. Ela concordou, e Roger recebeu os dois bônus.

Ele ficou para pagar as plantas enquanto Carrie atravessava a rua levando as rosas. A caminho do carro, ela encontrou, por acaso, alguns amigos que a ajudaram com as flores. Quando Roger alcançou o grupo e se dispôs a carregar o ramo de rosas que uma amiga de Carrie segurava, ele ficou sabendo que sua esposa lhe dera a dúzia de rosas que eram "dele". Ele sorriu e disse: "Ótimo." Mas se sentiu irritado.

De volta à estrada, Roger quis descobrir por que estava tão irritado com a decisão da esposa. Dar as flores à amiga era um gesto perfeitamente razoável. Se tivesse sido consultado, ele certamente teria achado uma boa ideia. Mas ele não fora consultado, e, na sua opinião, as duas dúzias de rosas eram claramente o resultado da iniciativa e da dedicação que empregara na negociação com a caixa. Carrie decidira unilateralmente se desfazer de metade das flores sem pensar que ele poderia ter um plano para elas.

Roger concluiu que estava frustrado porque a ação da sua esposa havia restringido sua autonomia. O destino das rosas, na visão dele, cabia a ele — que, no mínimo, deveria ter sido consultado. Depois que ele compreendeu a fonte da irritação, sua raiva se dissipou.

Se as pessoas ficam emocionalmente abaladas com algo tão irrelevante, é fácil entender como uma decisão tomada unilateralmente por alguém pode perturbar tanto um negociador. A decisão pode ser sobre o local da reunião, o horário de início, os sanduíches do almoço e o horário de encerramento. As emoções negativas podem vir à tona não como um efeito do conteúdo da decisão, mas como resultado da ação unilateral do negociador.

Sempre Consulte Antes de Decidir

Recomendamos que você fique sempre atento ao seu comportamento para não restringir a autonomia das outras pessoas. Para isso, lembre-se do seguinte lema: *Sempre* Consulte *Antes* de Decidir — SCAD. Carrie poderia ter adiado a decisão de dar as rosas para a amiga. Quando Roger chegou, ela poderia ter perguntado discretamente: "O que você acha de dar uma dúzia de rosas para a Liz?"

Essa consulta antes da decisão tem três benefícios importantes. Primeiro, a outra pessoa se sente incluída no processo de tomada de decisão. Segundo, você pode obter mais informações com a consulta. E, terceiro, o poder de veto continua com você. Consultar a outra pessoa não dá a ela o poder de decidir, mas o de fornecer informações.

Mas a consulta tem uma desvantagem. Roger discutiu o significado do SCAD com sua esposa e sugeriu que eles tentassem fazer dessa prática um hábito. Alguns dias depois, ela disse: "Sabe qual é o problema do SCAD? É o NNSL — Nada *Nunca* Sai do Lugar!"

Ela tinha razão. É preciso atingir um equilíbrio entre o excesso de decisões unilaterais e o excesso de tempo dedicado às consultas. Alguns ex-alunos reformularam o lema para aplicá-lo com mais segurança em todas as crises, salvo em casos mais urgentes: *Pense* em Consultar Antes de Decidir.

Peça Feedback aos Interessados "Invisíveis"

É raro contar com a presença de todos os interessados na mesa de negociação. Milhões de cidadãos são atingidos por um acordo econômico negociado por dois líderes políticos. Milhares de membros e dirigentes de sindicatos são influenciados pelas decisões de uma dezena de negociadores atuando em nome dos trabalhadores e da administração. Uma família com oito pessoas passa suas férias em um local definido pela mãe e pelo pai.

Pode haver problemas se não respeitarmos a autonomia desses interessados invisíveis. Sem nenhum envolvimento, eles podem denegrir uma organização, dedicar pouco esforço à implementação da sua pequena parte do acordo ou até tentar sabotá-lo. Os consumidores norte-americanos talvez não comprem mercadorias de uma empresa que contrata mão de obra extremamente barata de um país do terceiro mundo. Os membros de um sindicato podem ficar bem desanimados se não receberem o aumento esperado. As crianças talvez fiquem ressentidas se não forem consultadas sobre o local onde passarão as férias.

A decisão talvez não tenha um impacto imediato sobre uma pessoa, mas pode afetar intensamente a vida dela de várias formas. Por exemplo, um funcionário cheio de amargura diz: "Acabei de fazer uma segunda hipoteca. A empresa está afundando, e meu emprego também. Por que a diretoria não me avisou com antecedência? E o que devo dizer *hoje* aos meus subordinados, aflitos com seu futuro profissional?" Quando acometem um certo número de funcionários, a ansiedade e o ressentimento produzem uma força de trabalho desmotivada e, às vezes, uma empresa falida.

Portanto, respeitar a autonomia dos interessados invisíveis é uma boa prática. É muito difícil negociar com milhares de eleitores ou funcionários. Pode até ser complexo negociar férias em uma família cheia de crianças. No entanto, você deve poder consultá-los e, em todo caso, informá-los regularmente sobre as decisões em análise no momento.

Consulte os interessados. Peça feedback aos interessados sobre as decisões que serão tomadas. Por exemplo, crie um sistema por meio do qual os interessados possam enviar suas sugestões por e-mail para um local central, colocar recomendações em uma caixa de sugestões ou encaminhar suas ideias para um agente específico. Você também pode criar um comitê de consulta de interessados. Por exemplo, imagine que o CEO de uma rede nacional de farmácias esteja negociando novas políticas para as lojas com os executivos das filiais. Antes de qualquer decisão, o CEO pode criar um comitê de consulta formado por caixas, farmacêuticos, profissionais de marketing e gerentes de lojas. Os membros do comitê serão orientados pelo CEO a solicitarem feedback aos seus colegas sobre as principais questões em negociação e informar suas conclusões ao comitê. Vários comitês podem ser criados pelo país, e uma lista com recomendações pode ser encaminhada ao CEO.

Como em todo sistema, é improvável obter feedback de todos os interessados, mas você pode criar uma atmosfera inclusiva para a tomada de decisões. As pessoas devem sentir que têm influência sobre o tema, mesmo que não estejam a cargo da decisão definitiva.

Informe os interessados. Para respeitar sua autonomia, informe os interessados sobre as decisões sempre que possível, especialmente sobre os processos decisórios em curso, se for o caso. Se isso não for viável, informe-os sobre as decisões logo depois de tomá-las.

Por exemplo, a rede de farmácias precisa modificar suas políticas para se adequar a novos regulamentos governamentais. O CEO é um profissional inteligente e consulta os advogados e os altos executivos da empresa, mas não há tempo suficiente para criar um comitê de consulta nem para analisar as sugestões de todos os funcionários. Nesse caso, o CEO pode alterar as políticas e, no mesmo ato, informar os funcionários sobre a mudança, explicando sua necessidade.

Quando consultamos outras pessoas, podemos adaptar nossas decisões para atender aos seus interesses. Além disso, a simples prática de informar aos interessados sobre as decisões pode proteger governos, famílias e empresas dos riscos de ignorar sua autonomia.

Confira este exemplo: O impacto de uma fusão sobre os funcionários. Muitas vezes, a alta gerência ignora o que pode acontecer com a autonomia de seus funcionários.

Em uma reunião, os presidentes de duas empresas chegaram a um acordo sobre o benefício econômico mútuo de uma fusão e decidiram realizar a operação. Juntos, eles definiram o presidente da nova empresa, o diretor-executivo, os salários de ambos, a transferência de recursos quando uma empresa comprasse as ações da outra e o nome da nova empresa após a transação. Em seguida, a fusão foi anunciada à imprensa.

A maioria das fusões fracassa, e essa não foi uma exceção.

Embora tivessem estimado corretamente o possível benefício econômico da operação, os presidentes não anteciparam as intensas questões emocionais geradas pela fusão. Claro, eles tinham autonomia para explorar esses pontos, definir opções e adotar ações preventivas. No entanto, não conseguiram usar sua autonomia com inteligência.

Se os presidentes tivessem feito amplas consultas, teriam obtido muitas informações. Em todos os níveis das duas organizações, a autonomia era importante. Os planos de carreira e salários das duas empresas eram diferentes. Suas culturas internas eram marcadamente distintas quanto à formalidade, vestuário, deixar as portas das salas abertas ou fechadas e uso do primeiro nome. Todos esses itens tinham uma grande importância para os funcionários. Sobre essas e outras questões, os colaboradores das duas empresas poderiam ter sido consultados e integrados a um processo para solucionar essas diferenças. Mas sua autonomia e suas emoções foram ignoradas. O ressentimento de muitos deles com a fusão resultou no fracasso da operação.

Use o Sistema de Baldes ICN para Orientar a Tomada de Decisão

Geralmente, discordamos sobre a quantidade "certa" de autonomia que cada um de nós deve ter para influenciar e tomar decisões. Para proteger a autonomia de um chefe, cônjuge, sócio ou negociador, classifique as decisões usando três "baldes": *I*nformar, *C*onsultar e *N*egociar (ICN).

Há alguns anos, um sócio de uma pequena empresa de consultoria de Cambridge foi convidado a assumir o cargo de sócio-gerente. A organização tinha 12 sócios e o mesmo número de funcionários. Devido ao grande número de sócios, logo foi questionada a autonomia do sócio-gerente para tomar decisões. Como a empresa deve orientar as decisões tomadas pelo sócio-gerente?

O sócio-gerente registrou as muitas decisões que surgiram ao longo de algumas semanas e marcou uma reunião com os sócios. No encontro, ele fez uma rápida apresentação sobre os tipos de decisões que ele e a empresa deviam tomar, enquanto os sócios gesticulavam com um, dois ou três dedos para indicar em que balde o tipo de decisão em questão devia ser colocado. Os sócios ficaram surpresos, pois quase não havia divergências quanto à distribuição das questões entre os diferentes baldes.

Balde 1: ***Informar.*** Aqui eram colocadas as pequenas decisões que o sócio-gerente poderia tomar por conta própria, informando à organização em seguida, como comprar móveis e contratar funcionários administrativos.

Balde 2: ***Consultar e, depois, decidir.*** No segundo balde, eram colocadas as questões importantes que o sócio-gerente tinha autoridade para decidir, mas só depois de ter consultado os outros sócios. Era ele quem definia as pessoas que seriam consultadas, mas os sócios com conhecimentos sobre o tema em questão tinham precedência. Por exemplo, a empresa decidia aceitar um cliente potencialmente controverso, como uma companhia de tabaco. Prontamente, ele deveria informar a decisão aos sócios.

Balde 3: ***Negociar um acordo conjunto.*** No terceiro balde, eram colocadas as grandes decisões, para as quais o sócio-gerente devia negociar e obter a aprovação da maioria da empresa. Todos os sócios queriam participar das "grandes decisões", como incorporar novos sócios e mudar a sede da empresa para um novo prédio.

Os três baldes podem ser úteis para os negociadores em questões trabalhistas e em colaborações frequentes, nas quais decisões semelhantes se repetem várias vezes. Esse processo também evita que os indivíduos criem rixas no grupo e fiquem paralisados pela exigência constante de consenso.

Até em uma organização com apenas dois membros, como um relacionamento pessoal, o sistema de baldes viabiliza decisões relacionadas, por exemplo, ao uso do dinheiro e ao planejamento de atividades sociais. Dan lembra um caso nessa linha:

> Eu pretendia surpreender minha esposa com um jantar em um restaurante francês para celebrar nosso aniversário de casamento. No sábado, revelei meus planos para Mia, que me fez uma surpresa. Ela já havia planejado sair à noite com suas amigas, mas não me informara. Fica-

mos ambos desapontados, pois os planos para nossa noite romântica rapidamente se desintegraram.

Conversamos sobre como evitar esse tipo de desconforto no futuro e decidimos usar o sistema de baldes para responder algumas perguntas cruciais:

- Para quais dias da semana podemos fazer planos individuais? [balde 1]
- Para quais dias devemos consultar um ao outro antes de fazer planos? [balde 2]
- Para quais dias devemos fazer planos juntos? [balde 3]

Decidimos fazer planos individuais para os dias durante a semana, consultar um ao outro antes de decidir sobre os planos para as noites durante a semana e negociar os planos para os finais de semana.

O sistema de baldes também é útil em questões que envolvem dinheiro. Se o membro de um casal tomar a decisão unilateral de gastar um valor que outro considera excessivo, isso quase sempre instigará emoções — geralmente negativas. Classificar essas questões financeiras em baldes pode ser uma boa ideia. ("Não vamos comprar nada de valor superior a US$100 a menos que haja consenso entre nós.") Fazer um brainstorming a dois antes de comprar itens expressivos pode eliminar muitas das questões de dinheiro mais problemáticas. No entanto, a regra mais simples e fundamental para a proteção da autonomia provavelmente é o PCAD — *Pense em Consultar Antes de Decidir*.

DE VOLTA À CHICAGO: O QUE FAZER QUANDO AUTONOMIA É RESTRINGIDA

Você se lembra de Elizabeth, a advogada corporativa que foi até Chicago para definir um negócio de rotina? Vimos o dilema dela no começo do capítulo. Desde o início, ela percebeu que estava batendo de frente com John por mais autonomia, criando um clima tenso que só piorava. Que orientação podemos lhe dar para que ela lide de maneira mais eficaz com a autonomia?

No Momento

Elizabeth está se dedicando ao máximo para preservar seu relacionamento profissional com John durante essa interação inesperadamente estressante. Ela está ouvindo em vez de ficar calada, emburrada, se afastar ou acusá-lo de estar dificultando o processo. Ela afirmou que deseja incluir seus dois colegas na interação e que tem outros planos para aquela noite. No entanto, seu diálogo com John parece estar saindo do controle. Ambos estão reagindo às palavras um do outro. Mal-entendidos e desconfiança estão se acumulando.

Primeiro, Elizabeth pode usar a autonomia para desacelerar sua mente. Antes de dizer ou fazer qualquer coisa, ela precisa parar um pouco e respirar fundo. Ela pode se desculpar, sair por um momento e se dirigir ao banheiro, onde passará alguns minutos definindo um modo de recolocar a negociação nos trilhos.

Uma rápida análise de uma checklist dos principais interesses logo mostrará que Elizabeth restringiu a autonomia de John. Ela o surpreendeu com seus dois colegas, seus planos para o jantar e sua versão para o acordo definitivo. Nenhuma dessas decisões está "errada", mas Elizabeth parece ter invadido áreas que John considera parte do escopo da sua autonomia.

Elizabeth pode pedir desculpas pela confusão e comunicar a John suas boas intenções, reconhecendo o impacto emocional de ter restringido a autonomia dele:

> Desculpe se minhas ações criaram algum mal-entendido. Eu só estava tentando ser útil. Ainda assim, eu certamente deveria ter comunicado que estava trazendo dois colegas e uma versão preliminar do acordo.

Para avançar com a negociação, Elizabeth pergunta: "Vamos fazer uma programação para o resto dia? O que você sugere?"

Ela seria sensata se ouvisse atentamente e apreciasse suas ideias, comunicando o mérito que identificar nelas. Se ele não apresentar ideias, ela poderá propor uma agenda viável e condizente com a autonomia de ambos:

> Não pretendo fechar nenhum acordo hoje. Estou mais interessada em explorar opções que atendam aos seus interesses e aos nossos. Então,

> que tal você ler a versão que trouxemos para identificar pontos de discussão? Podemos incluir ou retirar os itens que você apontar. Depois, durante a conversa, podemos convidar meus colegas e os seus, se você quiser. No início da tarde, podemos definir que rumo tomar. Tudo bem?

Ela amplia a autonomia de John ao sugerir que ele pode incluir e retirar os pontos que quiser. Em vez de considerar a proposta como uma lista definitiva de compromissos, ele contribui para a elaboração do acordo. A autonomia de John se amplia ainda mais quando ela sugere que ele convide seus colegas para a reunião. E, ao lhe perguntar "Tudo bem?", ela sinaliza que quer negociar conjuntamente o processo de interação desse ponto em diante.

Em Retrospectiva

Chegamos a uma pergunta muito mais fácil: com a vantagem de conhecer o episódio, o que ela poderia ter feito para despertar emoções positivas em John desde o início da interação?

Era possível mitigar grande parte da confusão com uma simples consulta a John antes do voo para Chicago com os dois assistentes. E teria sido mais inteligente conversar com ele antes de preparar a versão do acordo. Poucos dias antes da viagem, Elizabeth poderia ter ligado para John:

> Como você sabe, eu só vou passar um dia em Chicago, e quero usar nosso tempo do modo mais eficiente possível. Embora nenhum de nós esteja pensando em fechar nenhum compromisso nesta viagem, acho que o esboço de um possível acordo pode direcionar nosso foco para questões fundamentais. Posso pedir a dois colegas que preparem esse esboço e o enviem para você. Ou você prefere elaborar uma versão preliminar e enviá-la para nós?
>
> Em todo caso, antes de nos encontrarmos, podemos entender melhor as importantes questões que discutiremos.
>
> Você tem colegas atuando neste acordo? Será uma boa ideia mobilizar um ou dois colegas de cada lado para participar desta primeira reunião?
>
> No dia em questão, precisamos aproveitar todo o tempo possível. Chegarei ao aeroporto às 9h30 e posso trabalhar até o horário que você

quiser, mas também tenho a opção de jantar com alguns amigos. O que você gostaria de fazer?

Observe que, quando John é convidado a elaborar a versão preliminar, provavelmente uma relação de confiança é estabelecida entre os dois. Ele já não desconfia que Elizabeth esteja tentando manipular a situação ao se dispor a criar o esboço. Mesmo se ele não analisar o esboço do acordo, ambos contribuirão para sua elaboração.

Além disso, há a questão dos colegas. Compreensivelmente, John fica surpreso quando ela aparece com dois assistentes. Nesse cenário, ele surge sozinho para cumprimentar Elizabeth e descobre sua pequena comitiva. Ele deve ter se sentido vulnerável e até mesmo manipulado, achando que ela estava tentando intimidá-lo com uma demonstração de força superior. De fato, Elizabeth tem o direito de trazer seus colegas, que podem aconselhá-la durante a negociação. No entanto, antes de se encontrar com John, ela deve, sem dúvida, informá-lo sobre seus assistentes. Ao trazer seus colegas e comunicar isso, Elizabeth preserva sua autonomia e respeita a autonomia de John, que pode se preparar para a chegada da equipe e optar por trazer um ou dois colegas também.

Mesmo que John não se sinta intimidado pela outra equipe, há questões práticas em jogo nessa situação. Se ele for buscar Elizabeth em seu carro esporte, pode não haver espaço para os dois colegas. As reservas para o jantar devem ser modificadas para incluírem mais duas pessoas. Toda sua programação para um dia mais confortável e produtivo agora deve ser alterada. Basta informá-lo com antecedência para evitar muitos problemas emocionais e obter várias emoções positivas.

RESUMO

Todos desejam ter um nível adequado de autonomia. Quando alguém restringe nossa autonomia — intencionalmente ou não —, tendemos a sentir emoções negativas. Quando nossa autonomia é respeitada, tendemos a nos sentir conectados. Ao negociar, tome a iniciativa:

- *Amplie sua autonomia.* Com autoridade ou não, você sempre pode fazer recomendações e sugerir a definição de opções antes de decidir. O brainstorming em grupo é um processo prático que visa a criação de opções mutuamente benéficas.

- *Evite restringir a autonomia da outra pessoa.* Antes de decidir, você pode consultar um colega e os interessados invisíveis. Para determinar a autoridade da tomada de decisão, você pode trabalhar com seus colegas para implementar o sistema de baldes ICN: quais questões você deve decidir sozinho? Consultar antes de decidir? Negociar? Ao respeitar o principal interesse associado à autonomia das pessoas, você pode estimular emoções positivas nelas e em si mesmo.

CAPÍTULO 6

Reconheça o Status

Valorize as Posições de Destaque Quando Merecidas

Um homem de meia-idade deu entrada em um hospital, reclamando de dores no peito. O médico determinou que o paciente só corria um leve risco de ataque cardíaco, então o levaram ao centro de cuidados básicos e conectado a um monitor cardíaco. Uma enfermeira acompanhou o aparelho durante a noite.

De manhã, um jovem médico entrou no quarto, conferiu o histórico do paciente e conversou com ele por alguns minutos. A enfermeira lhe disse: "Observei ritmos cardíacos incomuns por volta da meia-noite. Talvez seja o caso de mandá-lo para a unidade de terapia intensiva."

"O paciente disse que se sente melhor esta manhã", respondeu o médico. "E eu não vejo nenhum motivo para mandá-lo para a UTI por causa de alguns ritmos incomuns."

"Mas, doutor, eu recomendo..."

"Quantos pacientes com problemas cardíacos *você* já tratou?", o médico perguntou. "Examinei o paciente, dei o diagnóstico e defini o plano de tratamento. Agora, você pode preencher os formulários."

A enfermeira ficou em silêncio. Ela se sentiu constrangida por ter comunicado informações aparentemente pouco úteis e se irritou com o desdém do médico por sua sugestão. Quando o médico já estava de saída, ela lembrou que, no meio da noite, o paciente sentira uma forte dor no peito que chegava até o braço, mas decidiu que não adiantava contar isso ao médico. Ele já havia tomado sua decisão.

No final das contas, o médico insistiu no seu diagnóstico, e a enfermeira não disse mais nada. Horas depois, o paciente sofreu uma parada cardíaca fulminante, e a equipe de ressuscitação demorou dez minutos para chegar à enfermaria. O paciente sobreviveu, mas passou a depender de aparelhos para sobreviver.

Por que essa breve interação teve um resultado tão ruim? O *status*, um dos principais interesses, oferece uma resposta. O status indica a nossa posição em relação à posição das outras pessoas. Quando nosso status é minimizado, às vezes nos sentimos constrangidos, envergonhados e frustrados e agimos de maneira imprudente. No exemplo, a enfermeira não comunicou tudo o que sabia, e o médico não se interessou pelas observações dela. Por isso, o paciente quase morreu de ataque cardíaco.

O STATUS PODE AMPLIAR NOSSA ESTIMA E INFLUÊNCIA

Não é surpreendente que as pessoas queiram ter status. Como vimos no caso do hospital, ter status traz efeitos bastante positivos. O status eleva nossa autoestima e a estima que as outras pessoas têm por nós. Todos querem ser "alguém" — uma força admirável, uma voz digna de elogios, um nome essencial. Com base em nossa formação, conquistas, família, emprego ou posição na organização, adquirimos um status elevado, reconhecido pelas outras pessoas e por nós mesmos.

Um status elevado atribui um grande peso às nossas palavras e ações, e pode ser utilizado para influenciar pessoas. É mais provável que um funcionário aceite trabalhar no fim de semana de bom grado se o pedido partir pessoalmente do diretor-executivo e não de um gerente intermediário. Como já dizia o lema de uma antiga corretora: "Quando E. F. Hutton fala, as pessoas ouvem."

NÃO É NECESSÁRIO COMPETIR POR STATUS

Em geral, os negociadores competem pelo status mais elevado como se só houvesse uma dimensão de status. Nessa abordagem, existe sempre uma pessoa com status superior e outra com status inferior. Há casos em que nos achamos superiores a um colega quanto à importância, hierarquia ou aprovação. Mas o colega pode discordar, pois, na sua opinião, o superior é ele.

Às vezes, os negociadores usam truques para transmitir um status mais elevado. Por exemplo, você é convidado para uma reunião na sala deles, e, depois de dez minutos de espera, o tempo de concluir uma conversa com outro cliente "importante", eles finalmente o recebem, oferecendo uma cadeira mais baixa, na qual você se sente microscópico.

Competir por status tende a induzir emoções negativas. Quando se sentem rebaixadas, as pessoas ficam ressentidas e menos cooperativas. Dispensar um tratamento inferior a alguém muitas vezes prejudica suas capacidades de pensar criativamente e trabalhar em equipe.

Este capítulo propõe uma alternativa à competição por status. A primeira seção destaca como é necessário identificar o *status social* das pessoas para determinar o nível de cortesia que elas esperam de você. A segunda seção sugere que, embora alguns tenham um status social mais elevado que outros, cada indivíduo tem um *status específico* mais elevado em uma determinada área, com base em seus conhecimentos ou experiência. Esse status específico pode ser mobilizado para aumentar a autoestima das pessoas e influenciar a sua. A terceira seção contém sugestões para aumentar seu status e explica como ele pode ser diminuído por você e pelas outras pessoas.

STATUS SOCIAL: TRATE TODOS OS NEGOCIADORES COM RESPEITO

O nível da nossa importância ou fama perante as outras pessoas é nosso status social. Essa é uma medida versátil para determinar a posição de alguém em uma área geográfica, como um bairro, a sede de uma organização, uma cidade, um país ou o mundo. O status social elevado de um astro do rock abrange o mundo todo, enquanto o de um delegado se limita ao território do município.

Em nível global, a sociedade nos “diz” quem é importante e quem não é. No topo da ordem social, estão os VIPs — pessoas muito importantes: membros da realeza, presidentes, estrelas de cinema, primeiros-ministros e outros indivíduos conhecidos por sua grande riqueza, conquistas e fama. Na base da ordem social, estão os desprivilegiados: os pobres, os desempregados e os sem-teto. A maioria de nós está em algum ponto entre esses dois extremos.

Em um nível organizacional, os colegas de trabalho tendem a dispensar diferentes tratamentos uns aos outros, de acordo com a posição hierárquica de cada um. Os funcionários tratam o diretor-executivo como uma estrela de cinema, mas os funcionários do baixo escalão têm dificuldades até para obter um reconhecimento básico.

Até em negociações individuais as pessoas costumam ser sensíveis ao status social. Os negociadores tendem a determinar sua posição social em relação aos seus colegas e, às vezes, competem com eles por um patamar mais elevado. Eles podem mencionar a universidade em que se formaram, um evento importante de que participaram na semana passada ou a grande promoção que receberam. Tentam superar uns aos outros com base na sua importância social relativa ou minimizam esse fenômeno.

Desperte para o Status Social

Durante a negociação, as pessoas compartilham informações específicas sobre como elas percebem seu status social para indicar como esperam ser tratadas. Pessoas com alto status social — como o presidente de uma organização ou um embaixador — esperam um tratamento especial. Isso nem sempre ocorre de fato, mas é uma boa ideia ficar atento aos sinais dessas expectativas. Com um pouco de preparação e atenção redobrada, você pode compreender como as pessoas percebem sua posição quanto ao status social.

Preste bastante atenção à forma como as pessoas se descrevem. A negociadora menciona o curso que fez em Yale? Cita as pessoas importantes com quem saiu para jantar na semana passada? Insinua que ocupa um cargo de alto escalão em uma grande empresa?

Em geral, a linguagem contém as pistas mais conclusivas para o modo como as pessoas identificam a sua posição e a dos outros. Observe o nível de formalidade que elas exigem para se sentirem apreciadas e confortáveis. Há indivíduos que preferem ser chamados pelo nome; outros demandam títulos, como Doutor, Tenente ou Professor.

Em quase todas as culturas, as palavras que dizemos expressam opiniões sobre o status social de uma pessoa. Por exemplo, em francês, um palestrante demonstra um respeito maior ao se referir a você usando *vous* em vez de *tu*, uma expressão mais informal. Em algumas culturas, pode ser ofensivo quando um negociador novato se dirige a um agente de alto nível pelo nome. (Em caso de dúvida, geralmente é mais apropriado começar com um tratamento formal e deixar a informalidade ser introduzida pela outra pessoa.)

Para imprimir um tom informal, apresente-se pelo nome e pergunte como seu interlocutor prefere ser chamado. Em geral, os professores pedem que seus alunos de pós-graduação os chamem pelo seu título e sobrenome. Um aluno relatou a euforia que sentiu no dia em que seu mentor lhe disse: "Por favor, não me chame de professor Smith. Pode me chamar de John." Essa transição para a informalidade indicou uma mudança no tipo de relacionamento entre eles. Para o professor, o status do aluno fora elevado pela sua dedicação e pelas boas relações que eles mantinham.

Se o seu status social for mais elevado, provavelmente a outra pessoa tentará adquirir status social por proximidade ao colaborar com você. O desejo de associação pessoal tende a criar e aprofundar um compromisso emocional voltado para o sucesso da negociação e o estabelecimento de um relacionamento mais consistente. Trabalhar com um negociador experiente ou uma pessoa famosa pode elevar o status social de um indivíduo.

Geralmente, seu status social depende dos valores da sua equipe, organização ou grupo. Em algumas empresas de internet, por exemplo, a experiência não é tão socialmente valorizada quanto a juventude. Um executivo com 50 anos de atuação em ambientes corporativos pode não ser tão valorizado em um setor dinâmico quanto um entusiasta de 23 anos que acaba de sair da faculdade, cheio de criatividade e conhecimentos sobre as últimas novidades em computação.

Seja Cortês com Todos

Em geral, quando pensamos sobre o status das pessoas, primeiro focamos o status social. Por exemplo, tratamos os VIPs com uma cortesia automática. E, para maximizar os benefícios das emoções positivas, recomendamos que você trate *todos* os negociadores com cortesia — seja qual for o status social deles. Todo negociador tem um status elevado como ser humano e deve ser tratado com dignidade e respeito.

Um pouco de cortesia pode ser decisivo. Quando era consultor de uma empresa listada na Fortune 500, Dan soube que uma assistente administrativa do diretor-executivo da organização estava sendo desrespeitada por dois ou três funcionários. Eles a ignoravam, demonstravam pouca consideração e não a convidavam para as festas que faziam em suas casas com o pessoal do trabalho. Depois de alguns anos no cargo, a assistente administrativa se casou com o CEO. De repente, todo mundo passou a frequentar as festas na casa dela. Agora que ela tinha acesso total ao principal tomador de decisões da organização, todos queriam ser seus "melhores amigos". Previsivelmente, ela deu prioridade aos funcionários que a respeitavam antes.

A cortesia vai além de um por favor ou obrigado, é uma expressão honesta de respeito pela pessoa com quem você está interagindo. A assistente administrativa disse a Dan que, embora muita gente a tratasse com cortesia agora, era fácil perceber quem a respeitava sinceramente e quem só estava tentando usá-la.

STATUS ESPECÍFICO: VALORIZE AS POSIÇÕES DE DESTAQUE QUANDO MERECIDAS

Sua posição relativa não se baseia apenas nas percepções da sociedade, mas também em como você é avaliado — na sua visão e na dos outros — em um campo substantivo estritamente delimitado. Mesmo sem um status social elevado, você pode ter uma posição de destaque com base no seu conhecimento, experiência ou formação. Essa posição é conhecida como *status específico* no campo em questão. Talvez você tenha habilidades em mecânica de automóveis, bricolagem ou contatos de negócios. Você pode tocar um instrumento musical muito bem, escrever de forma persuasiva ou analisar questões éticas com inteligência. Você pode ser bem versado em diversos temas pertinentes ao objeto de uma negociação.

Felizmente, seu status pode ser determinado em centenas de campos. Todos têm um status comparativamente alto em algum campo específico — e um status comparativamente baixo em outros. Um carpinteiro desempregado pode saber construir uma casa muito bem. Um médico competente talvez não saiba como arquivar registros administrativos. Há um número infinito de campos específicos em que uma pessoa pode ter um status elevado. E há, pelo menos, uma área específica em que seu status é superior ao dos outros. Da mesma forma, o outro negociador quase sempre tem, pelo menos, um status específico superior ao seu.

Identifique as Áreas de Status Específico de Cada Pessoa

Com uma boa compreensão sobre a forma como os outros percebem seus status, você estará bem preparado para despertar emoções positivas nas pessoas. Determine como eles se veem e os aspectos que eles consideram importantes em suas identidades.

Confira esta pequena lista de áreas nas quais as pessoas podem ter um alto status específico:

- Educação;
- Informática;
- Experiência empresarial;
- Habilidades técnicas;
- Raciocínio estrutural;
- Habilidade gastronômicas;
- Conexões;
- Posição moral;
- Habilidades sociais;
- Experiência de vida;

- Insight emocional;
- Diferentes habilidades profissionais;
- Força;
- Habilidades atléticas.

As áreas mais visíveis, caracterizadas por um elevado status social — como fama, fortuna e moda —, muitas vezes ofuscam os campos menos glamourosos, mas geralmente mais importantes, cujo status é crítico em uma negociação. Há um número ilimitado de campos em que se pode ter um alto status. Duas perguntas podem revelar campos de status específicos.

Algum de vocês é especialista em questões substantivas? As questões substantivas são o conteúdo da negociação, que pode versar sobre um carro novo, um terreno ou um aumento de salário. Antes de conhecer a outra parte, informe-se sobre o objeto da negociação. Pesquise informações na internet. Converse com seus amigos. Ligue para lojas que vendem itens semelhantes e peça orientações para definir os principais tópicos da sua próxima negociação.

A outra parte detém conhecimentos substanciais que podem beneficiar todos os envolvidos. Por exemplo, imagine que você esteja negociando a compra do computador usado do seu vizinho. Ao fazer perguntas sobre o aparelho, você obtém muitas informações. Seu vizinho lhe diz que trabalhou dez anos como programador, evidenciando o status singular dele como especialista. Você pergunta sobre a memória, a velocidade e a performance do computador em comparação com os modelos mais novos. Essa curiosidade atende ao interesse do seu vizinho por status e lhe desperta emoções positivas. Ele exerce uma função gratificante ao usar seus conhecimentos avançados para ajudar ambos a determinarem o cerne da negociação.

Confiar totalmente nas informações do vendedor pode deixá-lo vulnerável a investidas. É sempre uma boa ideia realizar uma preparação adequada. Sem dúvida, você deve obter alguns dados antes de firmar um compromisso. Então, consulte um especialista imparcial, como um colega que trabalhe como técnico de informática. Entretanto, agora você conhece melhor o assunto e o vendedor quando obtém informações diretamente com ele, construindo uma ligação pessoal ao conversar sobre um assunto que ele domina.

Algum de vocês é especialista no processo de negociação? Em toda negociação, é importante saber estruturar a discussão. Por exemplo, em um processo eficaz, os envolvidos geralmente analisam seus interesses e definem opções antes de assumir compromissos. Ao estruturar a negociação com base em muitas informações, você conseguirá um alto status específico como especialista em negociação. Se algum de vocês dispor de conhecimentos específicos para estruturar negociações com eficiência, coloquem essas ideias em discussão. Solicite orientações ao seu interlocutor. (No capítulo 9, apresentamos sugestões para você estabelecer um bom processo de negociação.)

Não estamos recomendando que você confie totalmente nas outras pessoas, porque esse risco é determinado caso a caso. Mas, ao definir a medida da confiança que depositará em alguém, lembre-se que ser excessivamente desconfiado tem um preço e confiar excessivamente também.

Reconheça Primeiro o Status Elevado Deles e Depois o Seu

O fato de haver muitos campos de status específicos facilita seu trabalho. Em vez de competir pela posição de negociador alfa, todos podem ter um status superior em algum campo específico de conhecimento ou experiência. Com um pouco de criatividade, você encontrará suas áreas de status superior e as áreas onde os outros têm status superior.

Vamos conferir um exemplo. O departamento de economia de uma universidade da Ivy League queria divulgar suas pesquisas por meio de artigos de opinião, apresentações e entrevistas. Então, o editor "George" foi contratado para ajudar o professor mais renomado do departamento a escrever artigos para jornais. O estudioso tinha fama de brilhante e arrogante, e George logo se deparou com um desafio: como reconhecer o status do professor sem se rebaixar? George não queria trabalhar diariamente com alguém que o considerasse irrelevante.

Ao exercitar sua criatividade, ele teve uma ideia. Em sua primeira reunião com o professor, ele disse:

> É um prazer trabalhar com você. Acredito que nós dois temos boas habilidades que beneficiarão nossa colaboração. Você é especialista em economia e, a meu ver, a principal referência desse campo. Minha especialidade é compreender bem as expectativas do "leitor médio" de um artigo de opinião.

Assim, George reconheceu o domínio do professor no campo da economia e, ao mesmo tempo, sua própria experiência em determinar a compreensão de um artigo de opinião pelo leitor médio. Ele converteu sua inexperiência na matéria em uma vantagem sem diminuir o status do professor. Os dois passaram a colaborar sem competir por um status elevado associado à inteligência, domínio da área e qualidade do texto.

Pedir orientação é uma forma eficaz de reconhecer o status elevado de outra pessoa sem diminuir o seu status. Dan recorda de um caso que demonstra como isso funciona até em situações bastante inesperadas:

> Depois de ministrar um curso de negociação corporativa em Pittsburgh, fui até um restaurante para jantar e analisar os acontecimentos do dia. Uma garçonete me informou que não havia nenhuma mesa disponível, mas que eu poderia pedir o jantar no balcão. Vi um banco desocupado, sentei-me e comecei a fazer anotações.
>
> Então, ouvi um grito à minha esquerda: "Quem esse cara pensa que é?!"
>
> Ignorei o comentário e continuei escrevendo. Não era possível que alguém lá estivesse falando de mim. Eu estava na minha. Não conhecia ninguém ali. Mas a curiosidade (ou a ansiedade) tomou conta de mim. Olhei para a esquerda. Dois homens baixos e fortes estavam me encarando. Um deles, sentado à minha esquerda, observava tudo com muito interesse. Ele estava incitando o outro, um homem barbudo com um rosto vermelho de raiva. Percebi que alguns amigos deles também estavam me observando.

A situação era tensa. Assim que meus olhos encontraram os olhos do barbudo, ele se aproximou de mim e disse: "Você já viu a *enrascada* em que está se metendo?"

Pensei um pouco e disse: "Sim." Obviamente, ele estava certo sobre esse ponto, e eu queria que ele soubesse disso. Se eu dissesse não, estaria evidentemente ameaçando seu status de "durão". Como os amigos dele estavam lá, eu certamente não queria que ele temesse a perda do seu status social.

O barbudo continuava me observando, como se estivesse se preparando para me dar um soco. Minha mente estava agitada, tentando encontrar um jeito de lidar com aquela situação. Eu queria mitigar a tensão. Mas como?

Pensamentos dispararam pela minha cabeça: o que fazer? Posso dar o fora? Não. Ele vai me seguir. Posso pedir ajuda ao barman? Ele não está por perto. Posso ligar para a polícia? Não sei onde está o telefone. Posso mandá-lo parar com aquele absurdo? Ele não vai.

Era um beco sem saída. Ele devia provar que era um cara durão para os amigos, mas sem me machucar. Por outro lado, se ele me achasse "pequeno", eu seria um alvo fácil. Como respeitar o status dele sem diminuir o meu?

Então, tive uma ideia. Eu poderia pedir orientação sobre um assunto em que o status dele fosse elevado. Perguntei: "Você tem uma dica para alguém que quer se sair bem de uma enrascada?"

Sua expressão passou de irritada para orgulhosa. Aquele era o status elevado dele: a capacidade de *me* ensinar a lidar com *ele*. Ele ficou em silêncio. Não me mexi. Então, sem nenhuma palavra, ele levantou a cabeça, cheio de orgulho, olhou para mim como se tivesse informações privilegiadas e sentou-se de novo diante do balcão. Dois bancos à minha frente, ele parecia não ter mais nenhum interesse em mim e voltou a conversar com os amigos.

Nesse exemplo, Dan teve o cuidado de não rebaixar o status social do barbudo. Ele percebeu que eventuais ameaças seriam percebidas como um ataque pessoal, pois os amigos dele observavam atentamente a interação. O objetivo de Dan era mitigar a tensão, não amplificá-la. Ele parou um pouco e se perguntou: "Como respeitar o status dele sem diminuir o meu?" Dan concluiu que a questão em jogo ali era "como se sair bem de uma enrascada". Com o pedido da dica, a função do barbudo passou de agressor para orientador, outro papel de alto status. Nesse momento, o barbudo foi reconhecido por seu elevado status específico em uma determinada área: a capacidade de se sair bem de enrascadas.

Aproveite Suas Áreas de Status

Seja qual for nossa idade ou experiência, há momentos em que precisamos recorrer a outras pessoas para restaurar nossa autoestima. Alguns anos atrás, a assistente de Roger entrou na sala dele levando um monte cartas com críticas sobre seus textos e ações. Ele se virou para ela e perguntou: "Alguém gosta do meu trabalho?"

"Sim", ela respondeu. "A maioria das cartas são de fãs, e eu as leio e arquivo. Mas as críticas são problemas com os quais você tem que lidar."

Roger lhe disse para inverter o processo. "*Quero* as cartas dos fãs. *Você* pode sugerir soluções para os problemas."

No plano emocional, é bem mais gratificante ler elogios do que críticas. Roger pode passar horas respondendo a críticas, mas a inversão do processo reduziu o risco de ser absorvido pelo lado negativo.

Aprecie suas áreas de status elevado e acredite nas suas contribuições para a negociação, como sua experiência profissional e suas qualidades pessoais. Quando necessário, tome uma injeção de ânimo ao recordar de amigos próximos e familiares que gostam de você. Coloque uma foto de uma pessoa que lhe dá incentivo na parede ou na carteira. Quando seu status for diminuído, imagine alguém que se importa com você elogiando seu raciocínio analítico, sua paciência ou seu senso de humor. Lembre-se de que você pode obter mais status a cada interação se aprender com a experiência.

Depois de uma negociação difícil, aproveite suas conquistas e analise as lições que aprendeu. Orgulhe-se do status obtido nos campos substantivos dominados e do status social eventualmente acumulado. Aprecie suas ações e restaure seu ânimo ao exercer atividades que confirmem seu status, como praticar um esporte com um colega e cozinhar com seus amigos.

CONHEÇA OS LIMITES DO STATUS

É importante ponderar a opinião de pessoas com status superior ao seu, quando merecido. Mas, ao mesmo tempo, não se deixe levar pela influência escusa de pessoas que ultrapassam os limites do seu status elevado.

Pondere as Opiniões Pertinentes

Aprecie o status específico de uma pessoa sempre que for relevante para a negociação e pertinente. Imagine que você tem uma dor de dente. Um amigo lhe diz que provavelmente não é nada. Mas seu vizinho, um dentista respeitável e competente, examina o dente e lhe diz que o caso requer extração imediata. Uma atitude inteligente seria ponderar a opinião do dentista, pois ela se baseia no status específico dele na área determinada.

Em toda a hierarquia formal de uma organização, as pessoas têm áreas de status específicos que merecem ser ponderadas. Isso se aplicava ao caso de um sindicato de professores e da administração de uma escola que negociavam uma política de avaliação de desempenho. As avaliações deveriam ocorrer anualmente? A cada dois anos? Elas se baseariam nos resultados de testes padronizados com estudantes ou nas observações do diretor?

Dan trabalhou com as duas partes antes da negociação formal. No início, os líderes viam um ao outro como obstáculos que impediam a satisfação dos seus interesses, mas perceberam que cada lado tinha importantes áreas de status. Os professores eram especializados na identificação dos prós e contras associados à coleta de informações de pais, alunos, professores e testes padronizados para fundamentar a avaliação. Já os administradores dominavam as políticas públicas estaduais e normas distritais. Em vez de competir para definir a parte mais apta a desenvolver a política de avaliação, cada lado expressou seu apreço pelos conhecimentos específicos do outro. Juntos, eles elaboraram uma proposta baseada nos status específicos de ambos. Essa expressão mútua de apreço despertou emoções positivas e intensificou a motivação das partes para colaborarem.

No entanto, às vezes, a outra parte diz ou faz algo que reduz indevidamente seu status. Nesse caso, é importante que suas áreas de status elevado sejam compreendidas pelas outras pessoas para que você não se sinta rebaixado nem desanimado. Para isso, defina sua função.

Vamos conferir o exemplo de uma jovem advogada em sua reunião com um dos sócios seniores de outra firma. Ela chegou alguns minutos mais cedo à sala de reuniões e encontrou um sócio sênior de uma das partes sentado à mesa principal, lendo suas anotações. Sem olhar para ela, ele disse: "Senhorita, você pode me trazer uma xícara de café? Preto, sem creme nem açúcar."

A jovem advogada corou. Uma enchente de perguntas inundou sua mente. "Será que basta lhe dizer que não sou secretária? Ou devo explicar que, hoje em dia, há muitas advogadas no mercado? Ou devo pegar a xícara de café para só depois o repreender pelo erro?" Ela não queria que ele ficasse constrangido se estivesse errado, mas também não queria parecer fraca nem banana. Ela respondeu:

> Peço desculpas por não ter me apresentado. [*Ela demonstra cortesia ao supor que teria sido confundida sem querer com a secretária pelo sócio sênior.*] Sou Sarah Jones, advogada da firma Smyth, Wilcox e Adams. [*Ela define sua função.*] Como já estamos aqui, podemos conversar sobre o tema de que trataremos esta manhã. [*Ela estabelece seu comportamento profissional na função.*] Em todo caso, primeiro pegarei café para nós. Os donuts estão ali, fique à vontade. E, se pegar um para você, pegue outro para mim também. [*Ela indica que eles compartilham um status como colegas que colaboram para lidar com as questões que se apresentam.*]

A jovem advogada assumiu a responsabilidade pelo lapso na identificação, fez sua apresentação e se dispôs a pegar café para ambos. Em vez de marcar pontos, ela demonstrou profissionalismo e companheirismo ao sugerir que, como ambos já estavam lá, poderiam trocar ideias sobre a negociação. Além disso, ela indicou seu status compartilhado pedindo que ele cuidasse dos donuts enquanto ela pegava café.

É importante ressaltar que a questão emocional pode estar relacionada com o status social ou um status específico, mas raramente ou nunca é uma boa ideia tentar se destacar jogando contra os outros. Defina sua função para as outras pessoas e atue profissionalmente. Em vez de competir por status, respeite o status dos outros e comunique o seu.

Tome Cuidado com o Transbordamento de Status

As opiniões de alguém com status elevado, na sociedade ou em uma área substancial, muitas vezes são ponderadas indevidamente por tratarem de um tema no qual o status da pessoa em questão é irrelevante. Chamamos esse fenômeno de *transbordamento de status*, e ele merece uma atenção especial. A deferência só é empregada corretamente quando é merecida. As pessoas com alto status social, como os astros de cinema, por exemplo, às vezes usam esse status para divulgar opiniões sobre tudo, do controle de armas ao melhor molho de salada.

Claro, atores e socialites podem ser especialistas em outra área substantiva — mas tenha cuidado. Ter status em uma área não legitima opiniões em áreas sem nenhuma relação com a base da fama da pessoa em questão. Um ator divulgando um medicamento na televisão de jaleco branco e estetoscópio no pescoço pode parecer um médico, mas não se deixe enganar. Ele não é médico. Por mais habilidoso que seja o ator, suas opiniões não devem ser equiparadas às de um médico, cujos anos de formação e experiência lhe atribuem um alto nível de status específico.

Os negociadores com status social elevado costumam esperar um tratamento especial, mas suas opiniões sobre as questões em jogo na negociação *não* devem ser objeto de ponderação automática. Por exemplo, uma mulher com alto status social admira um colar de diamantes da loja Cartier ou um lote de 40 hectares em área nobre, de frente para o mar. Ela pode sugerir que seu status lhe permite comprar o colar ou o imóvel por um preço que *ela* considera justo. Não. Um vendedor inteligente não reduzirá o preço justo de mercado com base na opinião de uma pessoa só porque ela detém um alto status social. Seu status pode merecer uma cortesia especial, mas não atribui nenhum peso automático à opinião dela sobre uma questão pertinente à negociação.

O transbordamento de status é um risco real durante a negociação. Vamos conferir o exemplo de "Melissa", uma jovem à procura de uma casa para comprar. O corretor de imóveis está pressionando para que ela compre hoje mesmo uma casa de que gostou. "Amanhã alguém já deve ter levado; você tem que se mexer agora", ele diz. Ela acha que não conseguirá contratar uma boa hipoteca até o fim do dia e não quer assumir um compromisso sem antes definir a questão financeira.

Segundo o corretor, os juros estão no nível mais baixo da série histórica. Mas Melissa se pergunta: "Será que ele está sendo sincero ou só está interessado na comissão de 5% sobre a venda?" Ele pode saber tudo sobre casas, mas não é um corretor de hipotecas. Aqui, a postura mais inteligente é identificar o risco de transbordamento de status.

Para se proteger do transbordamento de status, primeiro reconheça as áreas de status dos outros. As pessoas ficam mais propensas a ouvi-lo quando os status específicos delas são destacados. Mas opte pela sinceridade. Adulação falsa não é uma boa ideia, e o tiro pode sair pela culatra. Então, Melissa pode dizer ao corretor que aprecia a competência dele naquela busca pela casa perfeita para ela.

Peça uma segunda opinião, se necessário. Não é uma heresia pedir uma segunda opinião ao lidar com assuntos importantes, mesmo que a recomendação original tenha vindo do seu chefe, do seu advogado, do seu médico ou do seu cônjuge. Melissa pode dizer: "Minha conduta padrão é pedir uma segunda opinião. Você poderia me informar três corretores de hipotecas ou bancos?"

Outra proteção contra o transbordamento de status é perguntar à outra pessoa sobre os prós e contras das demais escolhas. Por exemplo, os médicos geralmente reconhecem que a decisão cabe ao paciente, mas muitos não explicam os custos e benefícios das diferentes opções.

Imagine que um parente seu pergunta a um médico como tratar possíveis células cancerosas na garganta dele. O médico responde: "Recomendo uma cirurgia para remoção do câncer. Mas a escolha não é minha. É sua. O que você quer fazer?"

Seu respeito pelo alto status do médico não deve impedi-lo de explorar suas opções. Em vez de aceitar a recomendação, seu parente pode perguntar ao médico sobre outras possibilidades. Quais são as alternativas? Adiar a cirurgia por seis meses? Realizar um procedimento menos invasivo? Tentar um novo medicamento? Tratando de saúde ou imóveis, o objetivo da negociação é atender aos seus interesses.

Por fim, reconheça que você sempre tem um status superior ao dos outros em uma área: você é o maior especialista do mundo em seus sentimentos, interesses, necessidades e contexto. Esse status específico e inerente geralmente serve de proteção contra o transbordamento de status — se você reconhecer seu valor. Ao pressioná-lo a comprar um carro, um vendedor pode dizer: "Já trabalhei com muitas famílias. A maioria delas volta e me diz que amou muito esse carro. É melhor comprar hoje antes que os preços subam."

Você pode responder: "Obrigado, sem dúvida, vou pensar nisso. Mas você pode me ajudar a explorar outras opções, de acordo com meus interesses. Queremos um carro seguro, com espaço suficiente para equipamentos de camping e econômico. Quais são as alternativas?"

Ao reconhecer o status específico do outro negociador, você pode mudar a autopercepção dele, trocando um adversário disposto a tudo por uma venda por um especialista de status elevado que colabora para definir a decisão que melhor atenderá aos interesses nos quais você é o especialista.

LEMBRE-SE: O STATUS SEMPRE PODE SER AUMENTADO — OU DIMINUÍDO

É comum pensar no status como algo fixo. Essa suposição talvez parta do conceito de status real, associado à linhagem dos reis e rainhas: o aristocrata nasce aristocrata. Mas, na maioria dos casos, o status de uma pessoa não é determinado pelo seu nascimento. As reputações são construídas, não inatas. Cabe a você elevar seu status com dedicação e conquistas.

Você pode se educar para melhorar seu status nas áreas substantivas de uma negociação. Antes de tratar da reformulação das metas profissionais determinadas pela sua gerente (que, na sua opinião, são injustas), converse com um representante de recursos humanos sobre as políticas de trabalho da sua organização. Pesquise na internet sobre transações comerciais, processos, históricos de veículos e outros temas que incrementem seu status específico na negociação. Cabe principalmente a você melhorar seu status em um campo substantivo. Se seus maus hábitos ou a falta de habilidades interpessoais prejudicarem seu status social, você pode contratar aulas ou um coach para ajudá-lo a gerenciar suas emoções com mais eficácia, ser mais assertivo e escutar as outras pessoas com mais atenção.

Aumentar e diminuir o status de alguém não é só um gesto do destino. O modo como agimos faz uma grande diferença. Quando Roger cursava o primeiro ano de Direito, o professor James Landis era reitor da Harvard Law School e ministrava um curso sobre contratos para mais de cem calouros. Roger considerava Landis — e ainda o considera — o melhor professor da faculdade. Tempos depois, Landis foi descuidado e não preencheu a declaração de imposto de renda federal durante vários anos. A lei o apanhou. Landis foi julgado, condenado a uma pena de detenção e teve seu registro cassado. Para melhor ou para a pior, o status de uma pessoa não é predeterminado, mas pode ser — e sempre é — alterado pelo que fazemos e deixamos de fazer.

DE VOLTA AO HOSPITAL

Agora, vamos rever o caso do hospital, citado no início do capítulo. O clima ficou tenso entre a enfermeira e o médico, e o paciente sofreu uma parada cardíaca fulminante. O que deu errado? Que orientação podemos dar à enfermeira, ao médico e à administração do hospital?

Orientação à Enfermeira

A interação começou com o pé direito. A enfermeira comunicou ao médico as observações que fizera na noite anterior. Quando ele questionou seu domínio sobre a área ("Quantos pacientes com problemas cardíacos *você* já tratou?"), ela aceitou a avaliação dele. Mas, por se sentir irritada e inútil, a enfermeira decidiu não fornecer mais informações ao médico.

A cultura hospitalar oferece aos médicos um *status social* elevado, mas a enfermeira não percebeu que, em várias áreas importantes de *status específico*, ela superava o médico. Em vez de se conformar estritamente com a situação, ela poderia fazer uma reflexão a fim de determinar essas áreas de excelência pessoal. Por exemplo, ela já trabalhava no hospital havia mais de vinte anos, o que lhe atribuía um status específico associado à experiência de identificar sintomas em pacientes. Além disso, ela passou um tempo razoável conversando com o paciente em questão, observando seu monitor cardíaco e examinando seu histórico; foi assim que ela obteve um status específico associado ao conhecimento individualizado da saúde física e mental do paciente.

Ela poderia ter reconhecido que essas áreas de status são importantes — e extremamente relevantes — para as demandas específicas do paciente. Ela adquiriu informações que precisavam ser comunicadas e tinha a obrigação de comunicá-las devido à sua função. Ela não deveria ter deixado o status social do médico intimidá-la a ponto de reter informações relevantes, e poderia ter dito: "Doutor, antes do seu diagnóstico, preciso transmitir algumas informações importantes. Não podemos ignorar esses dados."

Para mitigar sua irritação, ela poderia ter se colocado no lugar do médico. Provavelmente, seu status social elevado encobria a insegurança típica de um jovem médico, novo naquele setor e recém-saído da faculdade de medicina. Essa noção poderia ter impedido que as possíveis inseguranças dele alterassem o humor da enfermeira. Em vez de sentir raiva do médico, ela poderia ter demonstrado compaixão por seus lapsos pessoais.

Orientação ao Médico

O ofício do médico não é fácil. Ele tem que estar em dez lugares ao mesmo tempo, e os pacientes e a equipe o procuram sempre para obter decisões inteligentes e bem informadas. Como era novo no hospital, o médico provavelmente queria criar uma reputação de competente e ser respeitado. Mas sua idade, cerca de metade da idade dos muitos médicos e enfermeiras do local, não facilitava isso.

O médico esteve com o paciente por alguns minutos, leu seu histórico e concluiu que o problema cardíaco dele não era grave. Ele ficou irritado quando a enfermeira sugeriu a opção de encaminhar o paciente para a unidade de terapia intensiva. Provavelmente, ele se sentiu diminuído com esse comentário, achando que a enfermeira estava tentando demonstrar sua competência superior em situações como essas.

No entanto, ele errou ao supor que era "infalível" devido ao seu alto status social. Esse é um caso clássico de transbordamento de status. Em vez de perceber o alto status específico da enfermeira para lidar com o problema cardíaco do paciente, ele agiu como se fosse superior em todos os aspectos, não a escutou nem fez boas perguntas. Além disso, ele presumiu incorretamente que conhecia todos os fatos importantes relacionados à saúde do paciente. Compreensivelmente, o médico também estava muito ocupado, mas os 30 segundos necessários para escutar a enfermeira poderiam ter evitado o ataque cardíaco do paciente.

No futuro, o médico seria mais inteligente ao reconhecer que seu ofício exige uma relação de colaboração *com* as enfermeiras. Não se trata de uma competição por status, mas de uma associação entre colaboradores para ajudar os pacientes. Em vez de atribuir uma função servil à enfermeira, ele deve reconhecer suas importantes áreas de status específico. Não é necessário rebaixá-la. De fato, ao apreciar a perspectiva dela, ele pode construir uma ligação, melhorar a comunicação e incrementar o tratamento do paciente.

Orientação aos Administradores do Hospital

Em um nível mais amplo, uma hierarquia de status social muito arraigada no sistema hospitalar exige uma intervenção de grande escala. Um pequeno grupo de funcionários (talvez uma combinação de administradores, médicos, enfermeiros e outros membros da instituição) pode desenvolver e promover políticas que orientem os serviços para o paciente, ajudando a equipe a reconhecer o interesse compartilhado mais importante no hospital: melhorar o bem-estar do paciente. Com reuniões frequentes e a valorização dos diferentes status específicos dos indivíduos, a equipe médica pode obter mais conquistas do que com a cultura de intimidação.

RESUMO

Você não precisa competir por medalhas e elogios para provar que é um bom negociador e uma pessoa digna. Seu status social pode ser inferior ao de uma estrela de cinema ou de um CEO, mas você tem muitas áreas de status específicos superiores. Descobrir seus pontos fortes pode demorar um pouco, mas eles existem em todos nós. Com um pouco de preparação, você poderá identificar e aperfeiçoar suas áreas de alto status *social* e *específico* e desenvolver novas áreas a fim de promover negociações com mais confiança.

Como cada indivíduo tem várias áreas de status elevado, ninguém precisa competir por status. Aprecie o status elevado dos outros quando ele for relevante e merecido e tenha orgulho das suas áreas de conhecimento e conquistas.

Brigar por aprovação exige muita audácia, mas ficar satisfeito com quem você é e valorizar suas contribuições para a negociação demandam tanta audácia quanto. Se você apreciar honestamente seu status, não se preocupará com o que os outros pensam de você. Por outro lado, não custa nada reconhecer o status das outras pessoas. E, se você tratá-las com o devido respeito, elas geralmente o respeitarão.

CAPÍTULO 7

Escolha um Papel Gratificante

e Selecione Suas Atividades

Todos querem exercer uma função pessoalmente gratificante. Não queremos passar dias e noites desempenhando papéis falsos nem tentando ser algo que não somos. Em uma negociação, desempenhar um papel insatisfatório pode causar ressentimento, raiva e frustração.

Essa era a situação de "Ryan" quando pediu orientações a Dan sobre como negociar sua próxima avaliação de desempenho. Ele explicou que havia se dado mal na sua última avaliação:

> Eu estava nervoso quando entrei na sala do chefe para fazer a avaliação de desempenho. Meu bônus anual depende de uma boa avaliação, mas tenho pavio curto.
>
> "Sente-se", o chefe disse, apontando para uma cadeira do outro lado da mesa.
>
> Tentei determinar se o chefe estava de bom ou mau humor, porque essa informação indicaria se a reunião seria fácil ou complexa. Sua expressão parecia sombria e séria, o que não era nada bom.
>
> Então, ele disse: "Obviamente, nesta reunião, vamos tratar da sua avaliação de desempenho. De modo geral, sua performance nos últimos 12 meses foi aceitável. Alguns aspectos podem melhorar, mas vamos começar com as boas notícias..."

Ele listou vários pontos positivos da minha trajetória no ano passado, mas, sinceramente, não escutei nada. Eu queria mesmo era saber dos aspectos que poderiam "melhorar".

Só me sentei quando ele começou a falar sobre esse tópico. A partir daí, o clima ficou tenso.

"Para começar," ele disse. "Adote um processo de trabalho melhor. Você esqueceu de escrever um memorando no mês passado para o nosso principal cliente. Por sorte, não o perdemos."

"Mas escrever o memorando não era minha responsabilidade", eu disse. "Além disso, enviei pelo menos dez memorandos antes do prazo."

"Tudo bem", ele disse. "Mas foi isso que eu constatei."

Fiquei sentado, em silêncio. Meu coração estava acelerado. Tentei suprimir meu impulso de discutir. Não queria que o chefe tivesse a vantagem de me deixar nervoso, mas ele precisava captar uma imagem precisa da minha personalidade.

"Você precisa ficar mais disponível", ele continuou. "Sei que você tem uma família, mas há trabalho a ser feito. Temos clientes para atender, então, se você tiver que apanhar as crianças, leve o celular."

"Tento ficar disponível o máximo possível", eu disse, "mas não posso fazer isso vinte e quatro horas por dia."

"Certo. Mas foi isso que eu constatei."

O chefe continuou listando os meus erros, enquanto eu tentava não levar suas críticas para o lado pessoal, sem sucesso. Refutei muitos comentários, mas nada surtiu nenhum efeito. Trinta minutos depois, saí da sala emocionalmente exausto, irritado e sem nenhuma indicação de que receberia o bônus.

Como vimos no caso da avaliação de desempenho de Ryan, as funções nem sempre são tão gratificantes quanto poderiam ser. Ele se sentiu acuado pelo juízo do chefe e relegado ao incômodo papel de defensor da sua conduta profissional. Ele mal escutou o feedback positivo transmitido pelo chefe. Como esperado, a avaliação de desempenho foi um fracasso. Ryan quase não recebeu feedback construtivo e perdeu a motivação para se dedicar mais, enquanto o chefe consolidou seu papel de ditador em vez de mentor.

Isso não precisa acontecer. Você pode adaptar seus papéis até se sentir "correto" e confortável, tanto consigo mesmo quanto diante das outras pessoas. Esse é o tema deste capítulo. Primeiro, descrevemos o principal interesse que exige um papel gratificante. Em seguida, sugerimos formas de deixar seu papel *convencional* — como executivo, psicólogo, pai ou mãe — mais gratificante. Ao fim, explicamos como deixar suas *funções temporárias* — como solucionador de problemas, ouvinte ou facilitador — mais gratificantes.

UM PAPEL GRATIFICANTE TEM TRÊS QUALIDADES PRINCIPAIS

Desempenhamos papéis o tempo todo, mas raramente esses papéis são tão gratificantes quanto poderiam ser. No trabalho ou em casa, uma determinada função pode parecer inútil, sem sentido ou desonesta. Para construir um papel mais gratificante, é preciso entender suas três qualidades principais.

- *Tem um propósito claro.* Desempenhar um papel gratificante não é uma prática fútil. Há sempre um propósito claro nisso, como melhorar a sociedade ou relaxar em um passeio. Um propósito claro cria uma estrutura central para o seu comportamento.
- *Tem um significado pessoal.* Só você conhece seus objetos de significado pessoal. Muitas vezes, o significado de um papel depende do que você faz. Desempenhar o papel de pai pode satisfazer seu desejo de criar um filho. Se você gosta de resolver problemas, atuar como engenheiro pode ser gratificante. Uma função com significado incorpora suas habilidades, interesses, valores e crenças à tarefa a ser realizada.

  O significado não está só nas suas ações, mas também na forma como você percebe uma situação. Sua função pode ser gratificante em relação ao significado que você extrai de uma situação. Por exemplo, um fabricante de roupas detesta suas obrigações profissionais, mas atribui significado à sua função porque ela lhe permite sustentar sua família.

- *Não é uma simulação.* Quando falamos de *desempenhar um papel*, parece que somos atores representando outras pessoas. O principal interesse associado à *função* não consiste em se passar por alguém, mas em exercer o papel que define quem você realmente é. Nesta vida — e não na vida que você finge viver —, você precisa de uma função gratificante.

Por um lado, claro, você está no palco. Você está desempenhando o papel de si mesmo, mas essa função não é uma simulação. É para valer. É você quem está ali, sem se passar por outra pessoa.

Roger e Dan exercem muitas funções, como professores, maridos, autores, colegas, proprietários e negociadores. Em cada um desses papéis, eles são quem eles são e não personagens em uma peça. Eles adaptam cada função para afastar todo constrangimento e passar a ter orgulho delas. Não estão interessados em ficar satisfeitos com sua performance dramática, mas com a realidade do que fazem e do que já fizeram. Eles querem exercer funções gratificantes.

DEIXE SEUS PAPÉIS CONVENCIONAIS MAIS GRATIFICANTES

Os papéis convencionais são papéis universais que as pessoas desempenham no âmbito de uma organização ou comunidade. Seu papel pode ser o de "vice-presidente" (em uma empresa) ou o de "pai" (em sua família). A Tabela 8 lista alguns dos papéis convencionais mais comuns.

Desperte para os Seus Papéis Convencionais

Para evitar conflitos desnecessários, conheça os papéis que guiam seu comportamento. Em alguns casos, dois papéis podem ser opostos. Por exemplo, as demandas de um pai com um filho recém-nascido podem ser contrárias às demandas do "funcionário modelo".

Em outras situações, você disputa um papel com outra pessoa. Você pode negociar em nome de um cliente, sindicato ou outra entidade com interesses específicos. Mas você também tem seus interesses. Conhecer seus papéis é o primeiro passo para gerenciar um conflito de funções.

TABELA 8

PAPÉIS CONVENCIONAIS

Acadêmico	Enfermeira
Ator	Pai/Mãe
Analista	Político
Artista	Corretor de imóveis
Chef	Recrutador
Filho	Cientista
Cliente	Vendedor
Médico	Irmão
Executivo	Aluno
Designer de moda	Professor
Diretor financeiro	Técnico
Avô	Agente de viagens
Advogado	Caminhoneiro
Gerente	Autor

Vamos conferir o caso de "Eileen", que é executiva de uma empresa cujas operações poluem um reservatório de água. Ela faz a seguinte reflexão: "Que tipo de pessoa *eu sou*? Trabalhar para uma empresa poluidora me faz uma pessoa ruim?" Ela se sente culpada por atuar em um setor hostil às suas preocupações com o meio ambiente e constrangida por não estar vivendo segundo seus padrões morais.

Ao ignorar o conflito entre seus papéis como executiva e ambientalista, Eileen corre o risco de se irritar com seus subordinados, colegas e chefes sem nenhum "bom motivo". Essencialmente, ela estará agindo com base em sua tensão interna, sem nenhum propósito definido.

Por outro lado, ao tomar conhecimento da situação, Eileen pode decidir criteriosamente o que fazer. Ela pode conversar com colegas e com o chefe sobre formas de reduzir os subprodutos nocivos nas operações industriais. Pode sair da empresa ou pode concluir que, como a empresa atende aos padrões do setor, suas convicções não correm perigo. Qualquer que seja a decisão, Eileen determina os papéis conflitantes que causam seu estresse. Portanto, ela pode agir para deixar seus papéis mais gratificantes.

Adapte Seu Papel para Incluir Atividades Gratificantes

Você pode adaptar praticamente qualquer papel para deixá-lo mais gratificante. Para isso, seu foco não deve estar na profissão em si, mas na série de atividades associadas à função.

A cada papel, correspondem uma profissão e uma série de atividades. A *profissão* descreve o que você "faz". Assim como as pessoas usam seu nome e sobrenome, os papéis geralmente são identificados por uma expressão, como advogado cível e psicólogo infantil.

Um papel é bem mais do que uma profissão. A cada papel, corresponde uma *série de atividades* esperadas. Uma empresa pode anunciar um novo cargo executivo especificando a profissão e sua respectiva série de atividades:

> **OFERTA DE EMPREGO: DIRETOR OPERACIONAL. [Essa é a profissão.] Atribuições: promover a missão da organização, supervisionar os executivos a cargo das atividades de cada departamento e informar o conselho de administração. [Essa é a respectiva série de atividades.]**

Não é possível descrever todas as atividades do diretor operacional em uma lista. Quando trabalhamos com negociação — como executivos, encanadores ou professores —, as respectivas atividades nem sempre são definidas. Geralmente, não há uma política específica que oriente a forma como os funcionários negociam com seus colegas, chefes ou funcionários equivalentes de outra empresa. Isso oferece uma boa oportunidade.

Amplie seu papel incluindo atividades significativas. Seja qual for a sua profissão, você pode definir muitas atividades da sua função. Você pode decidir até que ponto deseja conversar ou escutar, discutir ou colaborar e tratar os outros com desrespeito ou cortesia. Você e seu interlocutor podem explorar livremente seus interesses, criar opções que atendam aos interesses de ambos e buscar e oferecer orientações. Você pode fazer recomendações para estruturar uma agenda. Grande parte dos limites de seu papel é definida por você.

Vamos conferir o caso de duas garçonetes que trabalhavam em um restaurante de Cambridge, e souberam que as duas estavam tentando escrever um romance. Ambas consideravam o emprego como um meio de subsistência temporário, até uma editora aceitar seu primeiro romance.

A primeira garçonete achava o trabalho muito pesado, cansativo e chato. Durante o intervalo entre o final do almoço e o início do jantar, ela voltava para o apartamento e tentava escrever, mas não conseguia e geralmente acabava dormindo. Todas as manhãs, antes de sair, ela se sentava diante do computador e tentava escrever seriamente. Ela tinha dificuldades para criar personagens plausíveis e preencher suas vidas com ações realistas.

A segunda garçonete também achava o trabalho no restaurante muito pesado e desgastante, mas não chato. Ela imaginava que todos os clientes eram possíveis personagens do romance que estava escrevendo ou das suas próximas obras. Ela levava dois blocos no bolso do avental: um para anotar os pedidos e outro para fazer anotações sobre os clientes quando sobrava tempo. Ela registrava as características físicas deles, algumas conversas que ouvia e o que, na sua imaginação, eles estavam pensando e o que fariam quando saíssem do restaurante.

Para ela, era muito mais fácil inventar personagens críveis para o romance observando pessoas reais do que sentada sozinha em casa. Durante o intervalo entre o almoço e o jantar, ela desenvolvia e ampliava suas anotações. Enquanto escrevia o romance de manhã, antes de sair para o trabalho, ela aproveitava as pessoas, as conversas e as ideias que absorvera nos dias e semanas anteriores. À medida que seu manuscrito tomava forma, sua reputação como uma garçonete atenta e popular também crescia. Ela demonstrava um interesse legítimo pelos clientes, percebendo em cada um deles um potencial para uma vida fascinante.

Sua profissão era "garçonete", mas ela expandiu esse ofício ao incluir atividades gratificantes nele. Ela reuniu informações sobre pessoas reais, suas conversas e seus pensamentos e sentimentos — dados e ideias que ela poderia usar em seus textos. Ela passou a achar seus papéis combinados não apenas desgastantes, mas também animadores.

Como a garçonete, você também pode escolher atividades que deixem seu papel de negociador mais gratificante. Seu papel também pode se basear no entusiasmo de conhecer melhor as pessoas, a negociação e a si mesmo.

Redefina as atividades de seu papel. Se você não achar seu papel gratificante, determine como ele está sendo afetado pelos demais principais interesses. Uma função pode ser insatisfatória porque você não se sente associado ou apreciado pelo seu ponto de vista, tem sua autonomia limitada ou seu status diminuído.

Em vez de aceitar passivamente um papel insatisfatório, você pode adaptar sua função para atender aos demais principais interesses. Para isso, a Tabela 9 indica quatro etapas. Dan lembra como esse processo mitigou conflitos desnecessários entre o diretor e a diretora associada de um programa educacional regional voltado para milhões de jovens.

> Recebi um telefonema de "Paul", o diretor que me contratara como consultor. Ele e a diretora associada "Sarah" estavam encarregados da coordenação do programa. Ao longo da rápida expansão da iniciativa, a relação profissional dos dois havia se deteriorado tanto que o principal financiador ameaçou cortar *todos* os recursos se eles não resolvessem seus "problemas".
>
> O conflito comprometeu a qualidade do programa educacional. Embora suas salas fossem contíguas, eles só se falavam nas reuniões obrigatórias das manhãs de sexta-feira. Os funcionários intermediários começaram a "tomar partido", e a comunicação entre eles se deteriorou. Os diretores passaram a falar pouco com os funcionários e não conseguiam mais enviar materiais em tempo hábil. Com o tempo, a desavença custou milhares de horas e dólares perdidos.
>
> Após conversas com os diretores, ficou claro que o conflito não era causado essencialmente por diferenças em relação à direção do programa, mas por frustrações com os respectivos papéis. Paul e Sarah se criticavam mutuamente por "não estarem fazendo o que deveriam". Mas, quando perguntei quais eram as responsabilidades do outro profissional, nenhum deles me deu uma resposta clara. Quando lhes perguntei quais eram as responsabilidades deles no âmbito da organização como um todo, suas respostas foram igualmente incertas. E, com o rápido

crescimento do programa, nenhum dos dois achava mais sua função gratificante no plano pessoal. Ambos estavam sobrecarregados com tarefas organizacionais sem sentido.

Facilitei um processo para ajudar os dois a criarem funções mais gratificantes. Tive uma reunião individual com Sarah e depois com Paul e acompanhei o processo descrito na Tabela 9. Meu encontro com Sarah ocorreu da seguinte forma:

Dê um nome para seu papel atual. Dei uma folha de papel em branco para Sarah e pedi que ela escrevesse o nome da sua profissão. Ela escreveu: "Diretora Associada da Iniciativa de Educação".

Liste as atividades de seu papel. Embaixo da profissão, ela listou suas responsabilidades, como "colaborar com a coordenação do programa", "manter contato com pelo menos três coordenadores do projeto" e "desenvolver grades curriculares".

Identifique as atividades que serão adicionadas, modificadas ou excluídas para deixar seu papel mais gratificante. Apresentei os principais interesses, descrevi brevemente a importância de cada um deles e sugeri que identificássemos algumas atividades para que o papel dela atendesse melhor a esses pontos. Em alguns minutos, tivemos várias boas ideias. Ela podia promover três cursos para funcionários intermediários, atendendo ao seu desejo por status e, ao mesmo tempo, aperfeiçoando o programa. Ela também podia manter contato com vários funcionários intermediários, incrementando sua associação e, ao mesmo tempo, consolidando a comunicação entre eles. Além disso, ela podia marcar um jantar com Paul a cada duas semanas (para ambos expressarem apreço pela experiência um do outro e consolidarem sua associação).

Nenhuma dessas atividades exigia muita energia nem restringia a autonomia de Paul. De fato, elas promoviam a missão do programa.

Depois de passar por essas etapas com Paul, o próximo passo para a criação de uma função gratificante cabia a eles. Paul e Sarah se reuniram para discutir as propostas de atividades. Logo no início, eles definiram que todas as ideias eram só sugestões e não compromissos. Diante do grande número de opções, a conversa fluiu bem. Após uma hora, os dois estabeleceram seus novos papéis e concordaram em reavaliar essa questão dali a duas semanas para determinar o que funcionava e como aperfeiçoar ainda mais seus papéis.

TABELA 9

QUATRO ETAPAS PARA ADAPTAR SEU PAPEL CONVENCIONAL

1. Dê um nome para seu papel atual
2. Liste as atividades de seu papel
3. Identifique as atividades que deixarão seu papel mais gratificante • Você quer adicionar novas atividades? • Você quer modificar as atividades atuais?
4. Considere a opção de excluir as atividades insatisfatórias • Ninguém tem que realizar essas tarefas? • Outra pessoa deve se encarregar delas?

O processo funcionou? Paul disse: "Tudo demorou cinco horas. Aquele conflito mal administrado custara centenas de horas à organização. Meu maior arrependimento é não ter tido essa simples conversa um ano atrás, quando nosso projeto estava começando a sair do chão."

Esse mesmo processo pode ser usado em várias situações para criar papéis mais gratificantes. Se você discute frequentemente com um colega, chefe ou subordinado, considere a opção de ter uma conversa para definir seus papéis e as respectivas atividades deles.

Em caso de atritos com o outro negociador, você pode executar esse processo *pelo ângulo dele* e definir alternativas para deixar seu papel mais gratificante. Use sua imaginação e liste as atividades que ele deseja realizar. O que ele não faz, mas talvez queira fazer? Quais atividades deixariam o papel dele mais gratificante? Converse com ele sobre suas ideias, mas ofereça sugestões; evite fazer críticas ou exigências.

Aprecie os Papéis Convencionais das Outras Pessoas

Um papel gratificante pode ocupar um lugar importante em nossas vidas. Nossa identidade fica intimamente associada ao papel e a tudo o que ele traz — o status, o poder, a associação. Perder esse papel às vezes parece uma mutilação. Por isso, fazemos de tudo para evitar a frustração.

Vamos conferir o caso de John Moore, um empresário que tocava uma rede de estações de rádio. Ele estava interessado em comprar uma estação e tinha que negociar com os dois proprietários: um investidor e o gerente. O investidor possuía dois terços da estação e concordara em vendê-la a um preço que John considerara razoável, mas o gerente estava cobrando o mesmo valor pelo seu terço da estação.

Roger soube desses fatos durante um almoço com John, quando perguntou ao seu amigo se ele tinha algum problema de negociação em que Roger pudesse ajudar.

ROGER: Por que o gerente quer tanto dinheiro?

JOHN: Não sei, acho que ele é só ganancioso. Existe uma solução para a ganância?

ROGER: Ele é casado? Tem filhos?

JOHN: O que isso tem a ver? Sim, ele é casado. Na sala dele, há uma fotografia da esposa com dois meninos — com idades para frequentar a sétima e a oitava séries — vestidos com uniformes de futebol.

ROGER: O que a esposa dele faz?

JOHN: É sério isso? Bem, eu sei o que ela faz. Ela atua no conselho escolar. Certa vez, quando eu estava na estação, ela ligou. Houve uma reunião do conselho, e ele teve que ir para casa a fim de cuidar dos filhos.

ROGER: A cidade tem outras estações de rádio?

JOHN: Não.

ROGER: Qual é o nível de envolvimento dele na estação?

JOHN: Ele construiu tudo, praticamente do nada, até se tornar a melhor do mercado.

ROGER: Talvez eles não queiram se mudar. Com a esposa dele no conselho e as crianças na escola, talvez eles não queiram sair daqui. Além disso, talvez ele não queira procurar outra estação de rádio para comprar e outro investidor para ajudá-lo com a aquisição. Você tem mesmo que comprar a parte do gerente?

JOHN: Segundo a Comissão Federal de Comunicações, para juntar os livros e fazer compensações entre os ganhos de algumas subsidiárias e as perdas de outras, eu tenho que possuir pelo menos três quartos de cada estação. Então, comprar os dois terços do investidor não é suficiente.

ROGER: Por que você não explica isso ao gerente? Ofereça um preço justo pela diferença entre o terço que ele possui e o quarto que ele poderá manter. Contrate-o como gerente por alguns anos.

JOHN: Isso nunca vai dar certo. Ele é muito ganancioso.

ROGER: Você o conhece, eu não. Talvez você tenha razão. Mas veja o que ele acha de pegar um pouco de dinheiro agora e continuar como gerente e dono de um quarto da estação.

Cerca de dez dias depois, John ligou para Roger: "Você não vai acreditar. Ele *adorou* a ideia."

Nessa situação, Roger considerou as questões financeiras em jogo e as demandas pessoais do gerente. Ele fez perguntas para determinar como o gerente percebia a situação e concluiu que o outro provavelmente não estava preocupado só com dinheiro, mas também em manter suas funções gratificantes.

Com a venda da estação, muitos papéis do gerente poderiam se tornar insatisfatórios. Ele ainda seria um *bom marido*? (Sua esposa talvez ficasse magoada com a decisão de sair de uma comunidade da qual ela participava ativamente.) Um *bom pai*? (As crianças poderiam ficar irritadas e apreensivas diante da possibilidade de estudar em uma nova escola, onde teriam que fazer novos amigos.) Um *bom gerente*? (Ele administrara a estação de rádio durante muitos anos, provavelmente considerava esse papel como parte da sua identidade e lhe atribuía significado.) Um *bom empreendedor*? (Talvez ele tivesse tido sentimentos conflitantes em relação à busca por uma nova estação e um novo investidor para ajudá-lo com a aquisição. Sua estação de rádio era bem-sucedida, mas e se os novos empreendimentos fracassassem?)

O que parecia ganância para John era, para o gerente, um desejo de manter seus papéis gratificantes como um bom marido, um bom pai, um bom gerente e um bom empreendedor. Então, diante de uma oferta que considerava esses fatores, não surpreende que o gerente tenha "adorado" a ideia.

VOCÊ TEM O PODER DE ESCOLHER SEUS PAPÉIS TEMPORÁRIOS

O famoso boxeador Jake LaMotta gostava de desempenhar o papel de vítima no ringue. Seus adversários mandavam sequências de golpes, e Jake se encolhia passivamente como um tatu. Os oponentes ficavam mais confiantes a cada ataque e baixavam a guarda. Era aí que Jake começava a atacar.

Desempenhar o papel de vítima era uma estratégia básica de Jake. Seus adversários quase automaticamente assumiam o papel oposto de agressor, mas não por vontade própria. Eles reagiam ao papel de Jake. À medida que ele se empenhava no papel de vítima indefesa, eles se sentiam cada vez mais convencidos da sua força; e Jake se aproveitava dessa tendência.

Nas negociações, às vezes caímos nessa mesma armadilha. Nosso papel é uma reação diante do papel definido pela outra pessoa. Se eles agem de forma antagônica, também fazemos isso. Se eles fazem exigências, também as fazemos. Se eles nos chamam de fracos, mostramos nossa força.

Quando permitimos que os outros escolham nosso papel, não atendemos ao nosso principal interesse associado a um papel gratificante. Achamos que não nos levam a sério. Como os oponentes de Jake LaMotta, corremos o risco de ser enganados.

Desperte para os Papéis Temporários que Você Exerce Automaticamente

Os papéis temporários mudam com base nas suas ações atuais. Em uma negociação, você tem a liberdade de desempenhar papéis temporários como ouvinte, desafiante e solucionador de problemas. Ao identificar esses padrões de comportamento, você fica mais atento a eles, pode falar sobre eles e decidir quais papéis quer exercer.

Às vezes, desempenhamos papéis temporários habitualmente. Você pode ser o ouvinte que todos os colegas procuram quando têm problemas pessoais. Ao negociar com profissionais mais velhos, ou em posições superiores, você pode atuar como um acomodador. Com sua parceira ou seu parceiro, você pode desempenhar o papel de solucionador de problemas.

Em geral, as pessoas dão pouca atenção aos papéis temporários, mesmo que eles sejam os papéis mais acessíveis. Ninguém os atribui. Você pode optar por exercê-los à vontade. Durante uma breve conversa, um gerente pode desempenhar o papel temporário de solucionador de problemas, ouvinte, conselheiro e defensor. Enquanto isso, o papel convencional dele permanece o mesmo. A Tabela 10 indica alguns papéis temporários que você pode desempenhar ao negociar.

TABELA 10

PAPÉIS TEMPORÁRIOS COMUNS

Orador	Vítima
Ouvinte	Agressor
Advogado do diabo	Solucionador de problemas
Colaborador	Colega
Concorrente	Mediador informal
Acomodador	Facilitador
Moderador	Anfitrião
"Palhaço"	Convidado
Aprendiz	Avaliador
Criador	Gerador de opções
Defensor	Assessor

Adote um Papel Temporário Propício à Colaboração

Ao negociar, selecione um papel temporário sincero e propício à colaboração. Seria benéfico desempenhar o papel de amigo? Protetor? Mentor? Palhaço?

Vamos conferir o caso de "Jim" e "Nancy", marido e mulher. Nancy chega em casa ao final de um longo dia de trabalho. Em uma reunião da equipe, ela fora repreendida pelo chefe por ter negligenciado um importante cliente. Quando Jim chega em casa, ela lhe descreve o seu dia. Um minuto depois, ele a interrompe com ideias para melhorar a situação dela.

Nancy quer gritar com ele: "Por que você não me escuta?!" Ela se contém, mas o interrompe e continua falando sobre sua frustração. Ele fica ofendido e diz: "Qual é o *seu* problema? Estou só tentando ajudar." De mãos atadas, ela sabe que Jim não lhe quer mal, mas se sente desamparada. Então, ela sai do quarto.

Nessa situação, Nancy e Jim divergem quanto ao papel temporário dele. Nancy quer que ele desempenhe o papel de ouvinte, mas Jim exerce automaticamente o papel de solucionador de problemas. Embora não haja nenhuma função "errada" por definição, umas geralmente são mais gratificantes do que outras.

Quando Nancy se dá conta das divergências nas expectativas de ambos, ela pode sugerir um papel mais eficiente para Jim. Em um tom compreensivo, ela diria: "Aprecio seu interesse pelo meu bem-estar no trabalho. Mas, agora, preciso de você como ouvinte. Você gostaria de me escutar por alguns minutos? Depois, eu adoraria receber suas orientações para lidar com essa situação."

Por outro lado, Jim pode notar a frustração de Nancy e concluir que o papel função de solucionador de problemas não atende às demandas dela agora. Então, ele assumiria o papel de ouvinte para expressar seu desejo de apoiá-la. Para mudar de papel, ele demonstraria a Nancy e a si mesmo seu novo papel de ouvinte: "Fale mais sobre o seu dia. Você parece frustrada." Ela fala, e ele a ouve. Um minuto depois, o tom emocional da conversa se abranda, e agora eles podem apoiar um ao outro em vez de brigar desnecessariamente.

Como Jim e Nancy, você pode lançar mão de papéis temporários que desempenha habitualmente no trabalho e em casa. Eles são eficientes? Desempenhar os papéis legítimos de cirurgião e advogado exige anos de estudo, mas você pode exercer bons papéis temporários agora mesmo.

Aprecie os Papéis Temporários das Outras Pessoas

É comum não apreciarmos a forma como a outra pessoa vê seu papel temporário. Essa falta de apreço pode causar frustração e confusão. Dan recorda de um caso em que a percepção em torno dos papéis estava completamente equivocada.

> Minha aluna "Jane" chegou atrasada para uma entrevista de emprego em uma empresa de consultoria. Ela raramente se atrasava. Aquele dia era uma exceção, e ela queria explicar seu atraso ao entrevistador. Ao chegar na empresa, ela foi conduzida por uma secretária ao longo de um corredor até uma sala de conferências.
>
> Ela teve uma grata surpresa ao descobrir que "Melissa", a entrevistadora, era uma antiga colega da pós-graduação com quem colaborara em vários trabalhos.

> Sorrindo, Jane disse: "Melissa! É tão bom ver você! Peço desculpas pelo atraso. Você sabe como é essa época do ano!"
>
> Melissa respondeu de forma fria e profissional: "Vamos começar."
>
> Jane ficou surpresa com a indiferença da resposta. Melissa ficara aborrecida com o atraso? O que ela devia dizer agora? Seria o caso de pedir desculpas novamente? Ela não pareceria servil e vacilante? Uma avalanche de pensamentos passou por sua mente, e, ao longo da entrevista, ela teve dificuldades para se concentrar.
>
> Jane não ficou surpresa quando, dois dias depois, recebeu um e-mail de Melissa dizendo que ela não havia sido aprovada.

O erro fatal de Jane foi tratar Melissa como amiga e colega, quando ela esperava ser tratada como uma avaliadora imparcial. Elas agiram com base em diferentes premissas sobre o papel de Melissa. De fato, algumas semanas depois da entrevista, Jane soube por uma amiga que trabalhava na empresa de consultoria que seus comentários iniciais foram interpretados como uma informalidade inadequada. Foi essa percepção de desrespeito que a afastou do emprego.

Uma atitude inteligente de Jane teria sido se colocar no lugar de Melissa. Ela se considerava uma entrevistadora, e o principal papel de Jane era o de candidata a um emprego e não colega de turma ou amiga. Para não meter os pés pelas mãos, Jane deveria ter reconhecido o mérito da perspectiva de Melissa:

> Primeiro, obrigado pelo tempo dessa entrevista. Quero pedir desculpas pelo atraso. Meu voo de Boston atrasou mais de uma hora, e o trânsito estava terrível. Estou pronta para começar e fazer o melhor que puder no tempo disponível. Mas, se você quiser, podemos remarcar a entrevista.

Em vez de presumir que receberia tratamento especial como amiga, Jane poderia ter iniciado o diálogo demonstrando seu apreço pela função formal de Melissa: "Dadas as circunstâncias, ficarei contente em seguir suas orientações quanto ao nível de formalidade da entrevista." Se Jane tivesse inicialmente extrapolado seu papel, ela poderia ter se desculpado e reconhecido a função formal de Melissa.

A moral da história é apreciar a percepção da outra pessoa sobre o seu papel. Isso é especialmente importante quando você compartilha várias funções com alguém. Caso contrário, você pode surpreender a outra pessoa com comentários ou ações que não correspondem às expectativas dela.

Recomende um Papel Temporário

Os papéis formais podem prejudicar nossa capacidade de falar abertamente. Quando sugerimos uma interação mais "informal", ampliamos nossa liberdade para compartilhar ideias e incrementar o nível de confiança. Essa foi a lição que aprendemos ao analisar uma importante rodada de negociações promovidas por Lord Caradon, o embaixador britânico na Organização das Nações Unidas (ONU).

Em 1967, Lord Caradon estava tentando obter o apoio dos quinze países-membros do Conselho de Segurança para a Resolução 242. A resolução oferecia uma base para solucionar muitos dos grandes problemas que marcavam o conflito entre israelenses e palestinos. Para Caradon, se a votação fosse realizada imediatamente, muitos dos membros do Conselho de Segurança aprovariam a resolução. Mas, para criar as melhores condições de implementação para a norma, ele precisava obter a aprovação de um dos principais opositores: a União Soviética.

Pouco antes da votação, o vice-chanceler soviético Kuznetsov se reuniu a portas fechadas com Lord Caradon, e pediu que ele adiasse a votação da resolução britânica por dois dias. Caradon hesitou, com receio de que a União Soviética aproveitasse esse tempo para impulsionar uma outra resolução.

Então, Kuznetsov surpreendeu Lord Caradon ao dizer expressamente que o pedido não partira do seu governo, mas dele mesmo: "Não sei se você realmente entendeu o que eu disse. Sou eu quem está lhe pedindo mais dois dias."

Esse pedido incomum mudou a decisão de Lord Caradon, que conhecia e respeitava Kuznetsov, e confiava na sua predisposição para preservar o relacionamento de ambos. Além disso, ele percebeu que Kuznetsov estava disposto a persuadir o governo soviético a mudar de opinião. Então, Caradon disse: "Obrigado. Você tem mais dois dias." Em seguida, ele voltou para a câmara do conselho e anunciou o adiamento da votação.

Dois dias depois, a resolução foi colocada em votação. O primeiro gesto de apoio à Resolução 242 partiu do vice-chanceler da União Soviética, Kuznetsov. Aplausos eclodiram na galeria lotada quando a resolução foi aprovada por unanimidade.

O pedido pessoal de Kuznetsov a Lord Caradon criou funções mais gratificantes para ambos. Kuznetsov concluiu que, naquelas circunstâncias, era difícil para um embaixador britânico ter uma conversa franca e oficial com um representante do governo soviético — que se opunha à Resolução 242. Quando saíram do papel de "defensores" dos respectivos países para assumir a função informal de "colegas" de confiança, eles passaram a conversar e colaborar com mais desenvoltura.

As funções informais também permitiram que ambos aproveitassem melhor a relação de confiança que mantinham. Em seu papel de amigo e colega, Kuznetsov indicou que não usaria o adiamento para prejudicar Lord Caradon e a Resolução 242, mas para tentar persuadir seu governo. Ao aceitar esse pedido pessoal, Lord Caradon sinalizou que acreditava na palavra de Kuznetsov. As ações informais desses dois diplomatas viabilizaram o sucesso da votação da medida na ONU.

ADVERTÊNCIA: OS PAPÉIS DIZEM RESPEITO A TODOS OS ENVOLVIDOS

O ponto central deste capítulo é destacar sua grande liberdade para criar papéis gratificantes para si e para os outros, embora a maioria de nós não aproveite essa vantagem. Às vezes, nem mesmo tomamos a iniciativa de ampliar nosso papel. Há casos em que a irritação compromete nosso raciocínio e nos leva a desempenhar um papel de pouca serventia para nós e para os outros.

Roger recorda quando a irritação de um copiloto prejudicou sua capacidade de desempenhar seu papel com eficiência. Segundo-tenente e especialista em meteorologia da Força Aérea dos EUA na época, Roger estava em um voo de reconhecimento que saíra de Goose Bay, na região de Labrador, rumo a Meeks Field, na Islândia. Em meio ao inverno, o avião B-17, com quatro motores e bastante combustível, voava a cerca de 3 mil metros do chão. O tempo estava nitidamente bom, sem nenhuma nuvem no céu, e o piloto estava entediado:

> Para animar um pouco a tripulação, ele silenciosamente desligou o motor número 1 (o último da esquerda) e embandeirou a hélice. O B-17 era capaz de voar tranquilamente só com três motores, mas estávamos no meio do oceano Atlântico. A pista de pouso mais próxima, na Groenlândia, estava fechada devido a nuvens baixas, e a Islândia estava a algumas horas de distância.
>
> Nosso intrépido piloto gostou tanto da aflição da tripulação ao ver um motor desativado que, só por diversão, desligou e embandeirou os outros três. Um véu de silêncio pairou no avião, que começou a planar na direção do gélido Atlântico Norte.
>
> Depois de aterrorizar a tripulação, o piloto acionou alguns interruptores e apertou alguns botões para desembandeirar as hélices e ligar os motores, mas não aconteceu nada. Foi aí que o piloto e o copiloto lembraram que, para desembandeirar as hélices e dar a partida nos motores, o avião precisava de energia elétrica. E não havia nenhuma. A aeronave estava completamente inerte. Até mesmo em um aeroporto, era necessário ter uma fonte externa de energia para dar a partida nos motores dos aviões.
>
> Enquanto planávamos rumo ao oceano gelado, ouvimos o copiloto dizer ao piloto: "Cara! *Você* tem um problema!"

Aqui, vemos que o copiloto provavelmente estava diante de papéis conflitantes (e se sentindo muito frustrado). Como copiloto, ele era responsável pela segurança do avião e dos passageiros. Como vítima da brincadeira, ele sabia que o problema fora criado pelo piloto, que tinha a obrigação de solucioná-lo. Como ser humano, sua sobrevivência era importante. Irritado, ele reagiu automaticamente e desempenhou o papel de vítima. Se um jovem sargento não tivesse ampliado sua função, talvez Roger não tivesse sobrevivido para contar a história:

> No avião, havia um sargento que também era engenheiro de voo e tinha que trabalhar na aeronave quando chegássemos à Islândia. Felizmente, ele lembrou que havia um gerador manual a bordo para o caso de um pouso de emergência no norte da Groenlândia, onde não havia nenhuma base aérea ou fonte de energia no solo.

O sargento não tinha nenhuma responsabilidade pelo avião durante o voo, mas se lembrou do gerador. Então, correu, encontrou, colocou uma corda ao redor do volante do motor e a puxou várias vezes. Mexeu no carburador. Enrolou a corda novamente e a puxou com força, dando a partida no gerador. Ele conectou os fios ao sistema e transmitiu a energia para a aeronave. O avião só havia despencado um quilômetro e meio quando o piloto conseguiu acionar um motor e, depois, os outros três.

Chegamos à Islândia vivos, aliviados e atônitos com a conduta do piloto.

Diferente do copiloto, que claramente atribuía ao piloto a responsabilidade pelo problema, o engenheiro de voo tomou a iniciativa e gerou a energia elétrica necessária para reiniciar os motores. Nenhum aspecto do papel convencional do engenheiro de voo previa aquele tipo de intervenção no avião durante o voo, mas foi o que ele fez.

DE VOLTA À AVALIAÇÃO DE DESEMPENHO

Na última seção, voltaremos a falar sobre Ryan, que havia pedido orientações a Dan sobre sua avaliação de desempenho. A seguir, apresentamos uma versão aproximada das recomendações de Dan. Como o principal interesse associado a um papel gratificante geralmente está ligado aos demais principais interesses, oferecemos dicas para lidar com os cinco:

Papel

Primeiro, vamos definir formas de melhorar o papel convencional e os papéis temporários de Ryan.

Papel convencional. Ele exerce seu papel convencional na organização com naturalidade, aceitando passivamente suas atribuições profissionais, como escrever memorandos, atuar com clientes e fazer horas extras para concluir projetos. Muitos aspectos do trabalho lhe agradam, mas a posição não é tão gratificante quanto poderia ser. Ele deseja obter experiência de liderança na organização e passar mais tempo com a família. Ele também gosta de esportes, mas tem pouco tempo para praticá-los devido aos seus muitos compromissos.

Em vez de aceitá-lo passivamente, Ryan poderia tentar incorporar novas atividades a seu papel convencional. Ele poderia falar com o chefe para definir formas de melhorar seu papel e aumentar o significado dele para si mesmo e para a organização, dizendo: "Um dos meus objetivos de longo prazo é chegar ao topo da gerência da empresa. Que atividades você recomenda que eu realize este ano para obter esse tipo de experiência gerencial? Posso ajudá-lo com algumas tarefas?"

Quanto ao seu desejo de passar tempo com a família, ele poderia dizer: "Minha esposa volta para casa mais cedo às terças-feiras para cuidar das crianças. Posso trabalhar mais às terças para passar mais tempo com meus filhos às quartas?" E, quanto ao seu desejo de praticar esportes, ele poderia falar com seu chefe e programar algumas "horas de trabalho" por semana para atuar como técnico em modalidades extracurriculares no centro comunitário local. A organização ganharia uma boa publicidade e um funcionário mais motivado, e ele deixaria seu papel mais gratificante.

Papéis temporários. Antes da reunião, ele poderia reconhecer sua tendência para desempenhar o papel temporário de vítima, à espera da punição do chefe. Antes, ele ignorava as áreas em que era elogiado pelo chefe. Na verdade, ele esperava que o chefe criticasse seu desempenho para só então cair na real e defender suas ações. Os papéis de vítima e defensor não eram gratificantes para ele nem propícios à colaboração.

Ryan poderia analisar a lista de papéis temporários que desempenharia na reunião. Quais papéis ele poderia exercer para avançar na discussão? Ele poderia desempenhar o papel de ouvinte e permitir que o chefe se expressasse sem interrompê-lo. Em seguida, Ryan poderia exercer o papel de criador, colaborando com o chefe a fim de propor ideias para melhorar seu desempenho e abordar suas demandas.

Apreço

Assim que entrou na sala, Ryan tentou determinar se o chefe estava de bom ou mau humor, deixando que o humor do chefe ditasse o tom da reunião. Para estabelecer uma ligação, seria melhor adotar um tom propício ao apreço. Se ele elogiar sinceramente a dedicação de seu chefe, dificilmente ouvirá críticas dele.

O apreço deve ser autêntico e sincero. Se ouvir muitos floreios de Ryan, o chefe pode achar que está sendo manipulado e se irritar. Antes da reunião, Ryan poderia preparar uma lista com até três elogios sinceros ao chefe e à organização. Ele poderia abrir a reunião com um desses itens: "Sabia que o principal fator que me levou a permanecer na organização nos últimos seis anos foi o tom que você e os demais gerentes estabeleceram? É direto e eficiente. Com esse tom, aprendi a expressar meus interesses de forma mais clara e tive a oportunidade de aperfeiçoar minhas habilidades."

Da mesma forma, Ryan não pode fazer uma barganha para obter uma demonstração sincera de apreço do seu chefe: "Posso lhe dizer duas frases de compreensão se você me der quatro palavras elogiosas." Ele também não pode obrigar o chefe a apreciá-lo: "Quero empatia três vezes por dia ou peço demissão agora." Se o chefe só expressar apreço quando solicitado, Ryan provavelmente questionará se ele está sendo sincero ou só está tentando agradá-lo.

Embora não possa obrigar o chefe a apreciá-lo, Ryan pode estimular um comportamento esperado. Por exemplo, ele ficou frustrado porque o chefe não apreciou sua dedicação quando elaborou os memorandos antes do prazo. No entanto, *ele* não demonstrou apreço pelo tempo e pela dedicação do chefe ao elaborar sua avaliação. Além disso, ele não escutou ativamente os comentários positivos do chefe sobre seu trabalho. Mesmo que discordasse da avaliação, Ryan poderia ter escutado e tentado compreender a perspectiva do chefe. Se o chefe perceber que sua mensagem foi plenamente captada, ficará mais inclinado a ouvir Ryan.

Após a reunião, Ryan poderia ter enviado uma carta ou e-mail breve para o chefe apontando o que aprendeu no encontro, como as sugestões dele foram úteis e o que estaria fazendo para mudar sua conduta. Ele também poderia perguntar se o chefe estaria disposto a marcar sessões de feedback mais frequentes. Essas medidas podem melhorar seu desempenho profissional e o relacionamento dele com o chefe, que se sentiria apreciado por suas opiniões.

Associação

Ryan e o chefe interagiram como adversários. Ryan chegou à reunião em guarda, preparado para a "surra" emocional do chefe. Suas defesas psicológicas estavam ativadas, e ele estava pronto para qualquer "ataque" direcionado a ele ou ao seu desempenho. O chefe também pareceu estar na defensiva quando apontou os problemas para Ryan e se recusou a reconhecer o ponto de vista dele. O comportamento de ambos foi mais bélico do que pedagógico e não contribuiu para estabelecer um relacionamento positivo.

Teria sido melhor estabelecer um tom amistoso para que Ryan e o chefe encarassem juntos o desafio de aumentar a eficiência da sua organização. Ambos têm interesse em promover a missão da empresa. Em vez de rejeitar o feedback negativo do chefe, Ryan pode reformular o comentário de modo que consolide a associação entre eles. Quando o chefe diz que ele precisa de um processo de trabalho melhor para lidar com os memorandos, Ryan pode responder da seguinte forma:

> É verdade que não terminei o memorando no prazo, mas não quero negligenciar as demandas dos clientes. Estou tentando equilibrar minha vida pessoal e profissional. Podemos conversar alguns minutos sobre alternativas para que eu passe mais tempo com minha família e aumente minha produtividade? Pensei em criar o hábito de verificar o correio de voz do trabalho assim que chegasse em casa. Se surgisse algo urgente, eu poderia cuidar da questão imediatamente. Posso conversar com a minha esposa para definir a situação das crianças no caso de uma emergência profissional. Você tem mais sugestões?

Se fizesse sua lição de casa, Ryan poderia descobrir se o chefe tinha filhos ou não. Se ele fosse viúvo e tivesse três filhos, Ryan poderia tentar estabelecer uma conexão pessoal em torno das funções compartilhadas de pais e funcionários da organização, perguntando: “Como você conseguiu criar três filhos e avançar na carreira?” Mas ele só deve fazer essa pergunta se estiver sinceramente interessado na resposta. Caso contrário, ele não construirá uma associação autêntica. A maioria das pessoas percebe bem a diferença entre associação e manipulação.

Autonomia

Ryan restringiu indevidamente sua autonomia durante a reunião. Ele definiu que o feedback do chefe correspondia à “verdade”. Sempre que discordava do feedback, Ryan vivenciava uma onda de emoções e gritava: “Eu não sou assim!”

Ryan se daria melhor se pensasse com mais autonomia. Ele poderia considerar os comentários do chefe como propostas para reflexão com sua esposa, seus colegas e, talvez em outro momento, com o próprio chefe. Em vez de ficar na defensiva durante a reunião, ele poderia escutar o chefe de forma mais objetiva. Depois, poderia decidir, no conforto da sua sala ou da sua casa, se era esquecido, se precisava de um processo de trabalho melhor ou se o tempo que dedicava à organização era insuficiente.

E se Ryan discordasse de alguns aspectos da avaliação do chefe? Ele tem autonomia para escolher suas batalhas, mas não precisa afirmar essa autonomia tratando de questões fúteis e sem nenhum impacto sobre seu futuro na organização. (O problema do memorando é *tão* importante assim?) Se os comentários do chefe *forem* significativos, Ryan poderá fazer perguntas para obter mais informações e, em seguida, explicar sua perspectiva para o chefe.

Como é o chefe quem encaminha a avaliação para a organização, Ryan acha que não tem nenhuma autonomia na reunião. Isso não é verdade. Ele tem autonomia para sugerir ideias e transmitir informações sobre seu desempenho. Antes da reunião, Ryan poderia elaborar um memorando descrevendo suas áreas de melhor desempenho *e* os pontos em que precisa melhorar e encaminhá-lo ao chefe. O memorando talvez alivie um pouco do estresse que aflige o chefe devido à sua grande autonomia na avaliação. Ryan também tem a liberdade de fazer algumas perguntas a fim de melhorar seu desempenho profissional e determinar as orientações estratégicas da organização.

Status

Ryan parece ter caído na armadilha de acreditar que o status é um conceito de soma zero: quanto maior o status do chefe, menor o status de Ryan. A reunião então se transforma em um jogo de poder, em que cada participante tenta superar o outro em relação a qual avaliação de Ryan é "correta" . Esse é um caminho emocionalmente perigoso.

Em vez disso, Ryan pode usar o status para estimular emoções positivas em si mesmo e no chefe. Ambos possuem áreas de status específico que merecem admiração. O chefe supera Ryan quanto à sua autoridade para tomar decisões e sua experiência gerencial. Ryan se sai melhor que o chefe quanto à sua compreensão da dinâmica organizacional. Logo, Ryan deve respeitar as áreas de alto status do chefe e informá-lo sobre suas próprias áreas de status elevado, potencialmente positivas para a organização.

Ryan poderia dizer: "Neste ano, tive muita experiência na base da organização. Você tem muita experiência gerencial. Podemos conversar sobre alternativas para incrementar o moral do pessoal e motivar os colegas novatos?"

RESUMO

Em uma negociação, sempre temos que fazer algo, mas geralmente é você quem define *como* executará suas tarefas. Você é livre para ampliar as atividades de seu papel convencional. Em quase todos os papéis, há aspectos chatos, monótonos, frustrantes e demorados. Defina seu papel de forma mais estrita, limitando-o às suas obrigações ou às expectativas da outra pessoa. Por outro lado, você também pode adaptar as atividades do seu papel. Além disso, podemos escolher papéis temporários que consolidem nossas posições e estimulem o trabalho em equipe.

Adaptar seu papel pode ser cansativo, mas não desista. Tente uma, duas vezes. Com o tempo, você aprenderá a modificá-lo de acordo com seus critérios.

III

Orientações Adicionais

CAPÍTULO 8

Lidando com Emoções Fortes e Negativas

Prepare-se, pois Elas Ocorrem

Se estiver irritado, conte até dez antes de falar; se estiver furioso, conte até cem. THOMAS JEFFERSON

Se estiver irritado, conte até dez antes de falar; se estiver furioso, comece a xingar. MARK TWAIN

Para lidar com emoções, sempre recomendamos que você aja de modo construtivo. Em vez de classificar as emoções, diagnosticar suas causas e determinar o que fazer, as pessoas geralmente podem conter suas emoções negativas com emoções positivas. Para isso, você precisa expressar apreço, criar associação, respeitar a autonomia, reconhecer o status e escolher papéis gratificantes.

No entanto, o comportamento das outras pessoas pode ser estimulado por emoções fortes e negativas — como raiva, medo e frustração. Elas podem se recusar a escutá-lo, parar de falar e sair da sala. As emoções fortes também influenciam o seu comportamento. Você pode ficar irritado e ruminar as ações e os comentários dos outros. Sem o devido cuidado, essas emoções muito provavelmente se intensificarão e dificultarão a efetivação de um acordo inteligente.

Não é difícil se deparar com emoções fortes, tanto positivas quanto negativas. Então, *cuide* delas antes que essas emoções prejudiquem sua capacidade de negociar.

UM BOM EXEMPLO

A rede nacional de fast-food "Burger Brothers" estava negociando com os donos do "Super Sox", um time bastante popular. Quase dois anos antes, "Sandra", advogada e coproprietária do time, e "Bill", advogado da rede de fast-food, haviam fechado um acordo comercial com a seguinte disposição:

> A Burger Brothers concordou em pagar ao Super Sox US$20 milhões pelo direito de usar o logotipo do time nos seus copos e embalagens de papel durante dois anos e pelo direito exclusivo de vender produtos de fast-food durante os jogos no estádio de beisebol da equipe. Já o Super Sox se comprometeu em divulgar a Burger Brothers e os seus produtos em sua rede — nos guias da temporada, nos muros do estádio, em anúncios durante os jogos e assim por diante.

Nos dois anos que se seguiram à assinatura do acordo inicial, os altos executivos da Burger Brothers ficaram cada vez mais frustrados com o envolvimento insuficiente do Super Sox na campanha de marketing. Os problemas se agravaram quando o CEO da Burger Brothers assistiu a um jogo e não viu nenhuma propaganda da rede além de um anúncio de uma polegada na contracapa do guia da temporada.

Duas semanas antes do fim do prazo do acordo, os executivos do Super Sox fizeram uma reunião com a Burger Brothers para renovar e renegociar o contrato. Sandra marcou um encontro com Bill. Os dois haviam estabelecido uma boa relação profissional durante a negociação do acordo anterior, mas não conversavam pessoalmente havia dois anos.

> "Oi, Bill. Estou muito feliz em vê-lo", Sandra diz.
>
> "Já faz um tempo", Bill diz.
>
> "Vamos direto ao assunto", Sandra diz, sorrindo. "Gostamos de trabalhar com vocês e com a Burger Brothers. Queremos dar continuidade

a esse trabalho. Estamos dispostos até a incluir mais serviços — pelo preço certo, claro."

"Pode esquecer", Bill diz, cruzando os braços. "Vocês não cumpriram o que prometeram."

"O quê?", Sandra pergunta, chocada.

"Vocês disseram que seríamos seu principal cliente. Mas, a meu ver, fomos só mais uma das trinta contas de vocês e pagamos por serviços que não recebemos. Só renovaremos se vocês cortarem pelo menos US$4 milhões do preço. Essa é uma ordem direta do CEO da Burger Brothers."

"Isso não vai acontecer! Essa é a primeira crítica que recebo nessa relação. Cobrei muito da minha equipe para fazer o que vocês pediram."

"Não foi o que ouvi!"

"Quem disse isso? A culpa não é minha. Não mesmo! Por que ninguém disse nada ano passado? Ou dois anos atrás?"

"Mas eu não conhecia a gravidade do problema até o momento."

"E você não podia ter me ligado? É um absurdo tratar disso logo agora!"

"Absurdo? Dois anos atrás, bati boca com o CEO por vocês. Convenci o pessoal da Burger Brothers a fechar o negócio. Se eu não tivesse apoiado vocês, nada disso teria acontecido, mas vocês não cumpriram com a sua parte do trato. Então, não me venha com essa de absurdo!"

À medida que a discussão entre Bill e Sandra fica mais intensa, emoções fortes começam a prejudicar a capacidade deles de pensar com clareza. Apesar dos possíveis benefícios de uma colaboração, talvez eles acabem trocando ofensas e comprometendo a viabilidade da renovação do acordo.

Esse tipo de situação — em que uma pessoa ou empresa não corresponde às expectativas de alguém — acontece sempre e provoca fortes emoções. Talvez sua empregada de longa data não seja mais tão eficiente quanto antes, mas lhe peça um aumento e duas semanas de férias remuneradas. Ou talvez, dois meses atrás, sua supervisora tenha prometido atuar como sua mentora agora que você começará em uma nova função — mas ainda precisa encontrar tempo na agenda para isso.

Inúmeras situações provocam emoções fortes e negativas. Alguém pode trair sua amizade, sugerir que você é incompetente ou trapaceá-lo a fim de obter aprovação para uma decisão. Alguém pode minimizar a importância que você atribui a uma questão, tratá-lo de forma injusta ou ignorar suas ideias. Há infinitas maneiras de ofender uma pessoa, mas uma coisa é certa: prepare-se, pois as emoções fortes e negativas ocorrem.

Neste capítulo, explicamos algumas formas de lidar com emoções fortes e negativas — tanto suas quanto dos outros. Além disso, indicamos por que as emoções fortes e negativas tendem a dificultar os acordos e propomos uma estratégia construtiva para lidar com elas.

EMOÇÕES FORTES E NEGATIVAS PODEM ATRAPALHAR UMA NEGOCIAÇÃO

As emoções fortes e negativas representam dois grandes problemas aos negociadores. Primeiro, elas podem estimular uma *visão de túnel*, limitando seu foco e potencializando o efeito das emoções fortes sobre você. Como resultado, sua capacidade de pensar de forma clara e criativa fica prejudicada.

Imagine duas equipes envolvidas em uma negociação. Só há uma mulher entre os negociadores. Sempre que ela comenta algo, o principal negociador da outra equipe fala mais alto ou olha para o outro lado, como se ela não tivesse nenhuma importância. Ela fica cada vez mais irritada e preocupada com a falta de reconhecimento do outro líder. Essa visão de túnel prejudica sua capacidade de pensar claramente sobre as questões substantivas em jogo e de propor ideias — uma perda para ela e para os outros negociadores.

Além disso, as emoções fortes aumentam sua vulnerabilidade e podem dominá-lo. Quanto maior a intensidade das emoções, maior o risco de agir de forma lamentável. Nesses casos, você tende a não pensar nas consequências do seu comportamento, especialmente nos efeitos de longo prazo. Em um acesso de raiva, por exemplo, você pode insultar seu companheiro ou companheira (e acabar dormindo no sofá) ou abandonar uma reunião (frustrando seu chefe e sua esperança daquela tão sonhada promoção).

Para piorar, as emoções se reforçam mutuamente. Sua raiva pode estimular a raiva da outra pessoa, e a raiva dela pode ser facilmente assimilada por você. As emoções fortes e negativas são como uma bola de neve: crescem à medida que avançam. Mas, quando você lida com essas emoções — as suas e as dos outros — logo no início, é mais fácil impedir que elas prejudiquem seu desempenho.

VERIFIQUE A TEMPERATURA EMOCIONAL

Seja qual for a causa das emoções fortes, você precisa conhecê-las para evitar que elas se intensifiquem. Para isso, verifique sua "temperatura emocional" regularmente durante a negociação e determine suas emoções antes que elas prejudiquem sua capacidade de agir com inteligência.

Determine a Sua Temperatura Emocional

Diferente da temperatura corporal (que podemos definir em 37°C, por exemplo), não é necessário determinar exatamente a temperatura emocional. Você não precisa saber os nomes das emoções específicas que está vivenciando — nem mesmo precisa explicá-las. Você só tem que definir a amplitude dos efeitos das emoções. Para determinar sua temperatura emocional, questione se suas emoções estão:

Fora de controle? Além do ponto de ebulição. (Já estou falando o que não devia.)

Em risco? Fervendo. Temperatura alta demais; perigo de explosão a qualquer momento.

Sob controle? A situação é administrável. Conheço minhas emoções e posso controlá-las.

Para responder, determine rapidamente o nível de controle que você exerce sobre suas emoções no momento. Está tudo sob controle ou você está se segurando para não repreender o outro negociador? Se você tem dificuldades de concentração por estar absorto em suas emoções, sua temperatura emocional está pelo menos “em risco”.

Determine a Temperatura Emocional das Outras Pessoas

As outras pessoas também estão suscetíveis a emoções fortes e, em alguns casos, negativas. Se você não perceber a raiva se acumulando nelas, essas emoções podem transbordar e produzir efeitos desagradáveis — ou até mesmo desastrosos.

Aqui está o problema. Quando negociam, as pessoas demonstram milhares de comportamentos — evitam contato visual, falam alto e dão socos na mesa, por exemplo. Como determinar sua temperatura emocional diante dessa variedade tão ampla de comportamentos?

Como um bom detetive, procure por comportamentos fora do comum. Mesmo que você não saiba ao certo quais emoções a outra pessoa está sentindo, um comportamento incomum pode indicar uma temperatura emocional crescente. A voz dela está mais alta, mudou de tom ou ficou calma — calma demais? Seu rosto ficou imóvel, corado ou vermelho? Ela chegou à reunião inesperadamente atrasada e sem uma boa desculpa?

Com um pouco de observação, você pode captar a conduta típica da outra pessoa. Ela é sempre amistosa? Calma? Exaltada? Antes de tratar de questões substanciais pela primeira vez com alguém, considere a opção de marcar uma reunião informal em um restaurante ou café. Essa prática lhe oferece a oportunidade de estabelecer uma ligação e criar associação, bem como de captar a conduta típica do seu interlocutor. Assim, você obterá mais informações e saberá identificar quando ele ficar frustrado.

Para determinar a temperatura emocional da outra pessoa, você também pode se colocar no seu lugar e questionar se os principais interesses dela estão sendo atendidos. Como ela percebe o processo? Porque você chegou atrasado à reunião, ela pensará que a autonomia dela foi restringida? Ao descobrir que você se reuniu com um concorrente, ela achará que não tem nenhuma associação ou que foi traída por você? Defina se essas questões têm importância suficiente para estimular emoções negativas.

PREPARE UM PLANO DE EMERGÊNCIA PARA O CASO DE SENTIR EMOÇÕES NEGATIVAS

O pior momento para formular uma estratégia para lidar com emoções fortes e negativas é no instante em que elas surgem. Imagine uma equipe médica que espera a chegada de cada paciente à emergência para só então definir o que fazer. Seria o caos. Na verdade, as unidades de emergência desenvolveram procedimentos operacionais aplicados por enfermeiras e cirurgiões a todos os pacientes que chegam. Os negociadores precisam de procedimentos operacionais para não encarar emoções fortes e negativas sem a devida preparação. Esses procedimentos evitam que as emoções o controlem.

O objetivo do plano de emergência não é eliminar as emoções fortes. Essas emoções, positivas e negativas, oferecem informações sobre os principais interesses, os interesses essenciais e os obstáculos ocultos ao acordo. As emoções fortes também animam os negociadores a colaborarem para fechar o acordo. O entusiasmo de um negociador pode ser contagioso e incentivar a cooperação no longo prazo, mas a impaciência de um mediador, depois de trabalhar por horas a fio, pode pressionar as partes a definirem logo a questão. Em todo caso, as emoções fortes são úteis. Você não deve ignorar a energia e as informações das emoções.

Na verdade, você deve fazer escolhas conscientes — e inteligentes — para lidar com as emoções fortes e suas causas. Uma alternativa eficiente deve abranger sua realidade emocional e seu raciocínio. Mas, antes de analisar suas emoções, primeiro você precisa acalmá-las.

Relaxe: Controle Sua Temperatura Emocional

Ao relaxar antes que suas emoções fiquem intensas demais, você passa a analisar melhor as informações emocionais e as alternativas para lidar com a situação. Embora as formas desse relaxamento variem muito, ele consiste basicamente em adotar um comportamento que conduza a temperatura emocional a um nível mais administrável e calmo. Você deve controlar suas emoções em vez de ser controlado por elas.

Como lidar com emoções arriscadas ou fora de controle? Em meio a um acesso de raiva ou frustração, é difícil encontrar uma forma de relaxar. Portanto, escolha um método de relaxamento *agora* — enquanto é capaz de pensar com clareza. Tente aplicá-lo quando suas emoções estiverem ficando intensas demais. Confira a seguir algumas sugestões de métodos para relaxar:

- Conte lentamente de dez até um;
- Respire profundamente três vezes, inspirando pelo nariz e expirando pela boca;
- Faça uma pausa. Fique sentado confortavelmente em silêncio e, em seguida, determine o que você tem a ganhar ou perder no processo;
- Faça uma pausa "motivada" para ir ao banheiro ou ligar para alguém. Durante esse intervalo, relaxe. Pense em como avançar na negociação;
- Visualize um local relaxante como uma praia cheia de dunas, uma floresta banhada pelo sol ou um teatro ao som de uma orquestra sinfônica;
- Mude de assunto, nem que seja só por um momento;
- Adote uma posição relaxada: tire a tensão das costas, cruze as pernas, coloque as mãos no colo ou na mesa;
- Deixe os comentários inquietantes e ofensivos entrarem por um ouvido e saírem pelo outro;
- Prepare uma boa alternativa de evasão e lembre-se dela quando necessário.

Um dos melhores métodos de relaxamento é fazer a seguinte pergunta: "Qual é a importância desta questão para mim?" Como certos casais, alguns negociadores costumam fazer tempestades em copo d'água. Questões pouco importantes podem nos tirar do sério. Como escreveu Aristóteles: "É fácil sentir raiva. Mas ficar irritado com a pessoa certa, no grau certo, na hora certa, pelo motivo certo — isso não é fácil."

Os negociadores aumentam ou diminuem a importância emocional de um problema de acordo com sua avaliação da situação. Todos podem tratar algo como um pequeno erro ou como uma "questão de vida ou morte". Durante a Guerra Fria, um avião norte-americano observou a tripulação de uma traineira soviética retirar e comer as lagostas presas em uma armadilha instalada por pescadores de New Bedford no litoral do estado de Massachusetts. O governo dos EUA precisou escolher como encararia o problema. A questão deveria ser tratada como uma invasão da União Soviética às águas territoriais dos Estados Unidos ou — a opção escolhida e a mais inteligente — como uma disputa em torno de uma armadilha para lagostas entre os pescadores de New Bedford e o capitão da traineira?

Às vezes, só conseguimos relaxar ao final da reunião ou sessão. Então, depois da negociação, durante um longo intervalo ou após um telefonema preocupante, você pode tentar uma das seguintes alternativas:

- Ouça uma música relaxante;
- Distraia-se: assista a um pouco de televisão, ligue para um amigo ou leia o jornal;
- Dê um passeio. Mas não fique obcecado em achar o culpado pela sua irritação. Tente apreciar a perspectiva da outra pessoa. Pense em outras opções para lidar com a situação;
- Perdoe: livre-se dos seus ressentimentos.

Tranquilize as Outras Pessoas: Aplaque Suas Emoções Fortes

Alguns negociadores expressam emoções fortes e negativas visando obter alguma vantagem, geralmente uma concessão substancial. Pode ser tentador aplacar essas emoções para evitar um confronto ou para reduzir o risco de atitudes irracionais, como o abandono total da negociação. Às vezes, quando nossos filhos estão irritados, tentamos "comprá-los" com sorvetes. Quando eles ficam mais velhos, essa estratégia se torna mais cara e menos inteligente. "Se parar de chorar, você ganha uma bicicleta." "Você quer um carro? Ok, então fique tranquilo e pare de ficar pedindo." De jeito nenhum. A essa altura, nossos filhos já terão aprendido conosco a usar a raiva e outras emoções negativas para conseguir o que querem.

Com crianças ou outros negociadores, recompensar emoções negativas cria um péssimo precedente. De fato, concessões geralmente convertem pessoas irritadas em indivíduos felizes — por algum tempo. Mas elas também sabem que podem expressar uma emoção forte e negativa para satisfazer seus interesses substantivos. Nesses casos, quanto mais forte, melhor.

Quando a outra pessoa está sentido raiva, frustração ou constrangimento autêntico, aplacar essas emoções pode tranquilizar a situação e permitir que a negociação caminhe em uma direção positiva. Existem várias formas de amenizar essas emoções:

Aprecie seus interesses. Talvez a forma mais eficaz de aplacar as emoções fortes de alguém seja demonstrar apreço pelos seus interesses. Muitas vezes, as pessoas demonstram que estão com raiva ou frustradas e querem que você identifique o mérito nos interesses delas. A intensidade dessas emoções só diminuirá quando você apreciar a experiência delas.

Como vimos no Capítulo 3, o apreço requer três elementos. Você deve *compreender* o ponto de vista da outra pessoa; *encontrar o mérito* nos seus pensamentos, sentimentos e ações; e *comunicar* o mérito identificado:

> Você parece frustrado porque ainda não chegamos a um acordo. (*Você expressa sua compreensão.*) Considerando o tempo que você investiu nessa versão, compreendo seus sentimentos. (*Você comunica o mérito que identifica no ponto de vista da outra pessoa.*)

Faça uma pausa. Em vez de esperar que uma pessoa com raiva exploda ou saia, peça um tempo (aparentemente) para você e aprecie as emoções dela e as suas:

> Estou frustrado com o andamento das coisas e acho que você também está. Vamos fazer uma pausa de 15 minutos para pensar em como podemos cooperar mais, economizar mais tempo e ter menos incômodos?

Uma pausa eficaz pode realmente aplacar uma emoção negativa. Durante o intervalo, as partes devem ser estimuladas a pensar em formas de avançar e não nos culpados pelos momentos de tensão.

Uma pequena pausa pode animar todos os envolvidos se não houver muita tensão ou frustração entre eles. Mas emoções fortes são facilmente reativáveis. Quando há tensão evidente e um acesso de raiva parece iminente, uma pausa de cinco ou dez minutos oferece uma sensação de alívio, mas é improvável que esse intervalo seja suficiente para reequilibrar a fisiologia dos nossos corpos. Talvez seja necessário mais tempo.

Mude os participantes ou o local. Quando a temperatura emocional de alguém atinge o ponto de ebulição, tente acalmá-lo alterando os participantes ou o local. Diga, por exemplo: "Nossos dois assistentes podem tirar meia hora para gerar ideias que avancem a discussão. Depois, podemos voltar." Você também pode sugerir um local neutro para a próxima reunião. Nas negociações internacionais, geralmente são selecionados locais afastados das pressões emocionais exercidas pela mídia, pelos apoiadores e pelos colegas das partes envolvidas. Nas negociações cotidianas, uma mudança de cenário modifica a atmosfera emocional. Uma reunião de negócios realizada em um café, um terraço ou um restaurante pode tranquilizar os participantes.

DETERMINE OS FATORES INDUTORES DE EMOÇÕES FORTES

Quando enfim relaxamos, temos que decidir o que fazer com as emoções vivenciadas. As emoções fortes tendem a ser reativadas quando não entendemos suas causas, mas às vezes é difícil descobrir a causa de uma emoção. As emoções fortes e negativas nos informam quando *um* interesse não foi atendido, mas não apontam para nenhum interesse *específico*. As emoções tendem a perdurar até compreendermos sua mensagem. Só quando entendemos essa informação — e sua relação com a situação atual — podemos promover ações corretivas.

Pense nos Principais Interesses como Possíveis Estímulos

Uma emoção forte pode ter muitas causas. Ficamos frustrados com a ausência de boas opções, com a fome, com a falta de sono e com a diferença intransponível entre o dinheiro que podemos gastar em um item e o preço exigido pelo vendedor.

Além disso, uma emoção forte geralmente é estimulada por um dos principais interesses. Quando notar uma frustração despontando em você ou em outra pessoa, faça uma rápida análise dos cinco principais interesses. Responda às seguintes perguntas: "Essa emoção forte pode estar sendo desencadeada por um dos principais interesses? Qual? Quais ações ou comentários são prejudiciais a esse interesse?"

Faça Perguntas para Confirmar Suas Premissas

Mesmo que você tenha certeza sobre as causas das emoções fortes da outra pessoa, questione suas premissas. Deixe suas anotações de lado por um momento, olhe para ela e pergunte: "Você ficou chateado com algo que eu disse ou fiz?"

Muitas vezes, achamos que sabemos a verdade sobre os sentimentos de uma pessoa — mas, de fato, estamos redondamente enganados. Em um encontro da sua turma, Roger ouviu de um colega de Harvard uma história que ilustra bem as consequências de uma premissa equivocada:

> Já passava da meia-noite quando minha esposa me acordou, reclamando de uma dor aguda no lado direito do corpo. A área estava sensível, ela tinha uma febre leve, e achei que se tratava de apendicite. Pelo telefone, acordei um cirurgião conhecido, descrevi a situação e lhe pedi que nos encontrasse no hospital.
>
> Ao perceber quem eu era, ele disse para eu não me preocupar. "Sua esposa deve tomar uma aspirina e voltar para a cama", sugeriu.
>
> O médico tinha certeza de que não era apendicite. Eu lhe apontei minhas preocupações e perguntei por que ele estava tão certo de que não se tratava disso. Ele disse que estava totalmente desperto e a par da situação. Além disso, afirmou que era ele o médico, não eu, e que todos devíamos voltar para a cama.
>
> Ao pressioná-lo, descobri que a forte confiança do cirurgião se baseava em uma premissa. Ele se lembrou de que havia retirado o apêndice da minha esposa cinco ou seis anos antes. Por isso, ele disse: "Nenhuma mulher tem um segundo apêndice."
>
> Eu lhe disse que isso era verdade, mas que alguns homens tinham uma segunda esposa. Então, que tal se ele nos encontrasse no hospital?

ANTES DE UMA REAÇÃO EMOCIONAL, DEFINA UM PROPÓSITO

As emoções fortes geralmente nos informam quando um interesse não está sendo atendido e nos atordoam até ele ser satisfeito. Muitas vezes, somos compelidos a lidar imediatamente com as emoções fortes — tanto as nossas quanto as dos outros. Queremos aplacar a sensação que nos corrói internamente e eliminar as emoções negativas voltadas contra nós.

Quando agimos bruscamente, colocamos em risco nossos objetivos mais importantes. Sempre que as emoções fortes saem do controle, tendemos a reagir diante das ações das outras pessoas em vez de agir com um propósito claro. Sem tempo suficiente para pensar, a temperatura emocional aumenta e coloca a negociação em risco. O que inicialmente era uma transação financeira objetiva de repente se torna um conflito por status ou autonomia.

Como definir a estratégia certa para expressar suas emoções? Identifique o seu propósito. Quando temos um objetivo claro, fica muito mais fácil escolher uma estratégia eficiente para lidar com as emoções.

Por exemplo, se o propósito for informar a outra parte sobre o impacto da insensibilidade dela sobre você, talvez seja melhor conversar sobre isso em um café quando seu cliente não estiver pagando por seus serviços. Se o objetivo for desabafar sobre suas emoções fortes e negativas, converse sobre a situação primeiro com seu cônjuge ou um colega de confiança.

Em uma negociação, há quatro propósitos recorrentes para você expressar emoções fortes e negativas:

- Desabafar sobre suas emoções;
- Informar às outras pessoas a respeito do impacto do comportamento delas sobre você;
- Influenciar a outra pessoa;
- Consolidar um relacionamento.

Propósito 1: Desabafar sobre as Emoções

Pode ser difícil conter uma emoção forte e negativa. Como as pessoas loucamente apaixonadas, que querem contar seus sentimentos ao mundo inteiro, um negociador extremamente irritado também deseja liberar a tensão interna gerada pelas emoções. Desabafar é uma forma tentadora de se livrar da raiva. Desabafamos quando expressamos, aberta e sinceramente, nossa irritação a alguém, geralmente ao agente causador da emoção.

Vamos conferir o caso de "John" e "Louise", que se divorciaram depois de sete anos de casamento e têm dois filhos. Louise cuida deles durante a semana e John, nos finais de semana. John se atrasou ao levar as crianças de volta para a casa de Louise em várias ocasiões seguidas. No primeiro atraso, Louise não disse nada. "Temos que manter um bom relacionamento pelo bem dos nossos filhos", ela pensou. No segundo atraso, ela também não disse nada, mas teve que se conter. Na terceira semana, Louise resolveu que o melhor a fazer era desabafar sua raiva para John. Mas essa decisão foi inteligente?

Desabafar pode piorar uma situação que já é ruim. Muitas vezes, um desabafo traz mais efeitos negativos do que positivos. E desabafar com alguém que nos deixou irritados pode ser desastroso. Vejamos a interação entre Louise e John. Cada vez mais irritada, Louise passa a achar que foi menosprezada ou ludibriada por John, e pensa: "Quem ele acha que é para ficar com as crianças mais horas do que o combinado?" Sua frustração cresce até que, no terceiro atraso, ela sai de casa, vai até o carro dele e grita: "Você não tem relógio? Está atrasado. Você está sempre atrasado. Este é o meu tempo com as crianças, não o seu! Você sempre foi assim!" Ele se defende e devolve: "Se você não tivesse se atrasado quando os deixou comigo, talvez eles já estivessem em casa. Mas você não pode reduzir o tempo que tenho com meus filhos. Você sempre foi controladora."

A intensidade da troca de desabafos aumenta. Para cada ataque, uma justificativa é formulada. Ambos se sentem cada vez mais convencidos de que estão certos. Quanto mais irritados ficam, mais eles veem a situação de forma maniqueísta: "Estou certo, e ela/ele está errado." Como resultado, ambos se sentem *cada vez mais no direito* de se sentirem frustrados. Esse processo pode facilmente levar a uma explosão de emoções.

Priorize a compreensão e não a acusação. Conforme suas emoções se intensificam, admita sua vontade de culpar alguém por esse turbilhão emocional. Você pode murmurar para um colega: "A culpa é sua por não termos encaminhado a proposta no prazo!" Ou você se culpa: "Como eu pude ser tão burro a ponto de não ter checado o envio da proposta no prazo?"

Em todo caso, jogar a culpa nos outros não ajuda em nada. Normalmente, isso leva a um ciclo descendente de desculpas, críticas e emoções negativas.

Como alternativa, tente entender a "mensagem" implícita nas suas emoções, o que pode ser difícil quando você está muito agitado (nesse caso, primeiro relaxe). Mas, se estiver em condições, analise os principais interesses que podem ter estimulado essas emoções. Talvez você se sinta um pouco melhor ao compreender a causa da sua frustração ou a dos outros. No mínimo, você determinará seu incômodo e poderá adotar uma ação corretiva.

Vamos conferir como Louise se sai ao aplicar essa recomendação. Antes de John chegar, ela dedica alguns minutos a compreender seus sentimentos fortes e negativos e conclui que sua autonomia foi restringida por aquela série de atrasos sem nenhuma explicação prévia. Ela fica animada com essa compreensão e percebe um certo alívio na tensão. Quando John chega, ela expressa claramente suas preocupações. Em vez de reclamar ("Você é um irresponsável! Não trouxe as crianças no horário combinado!"), ela diz: "Estou chateada. Para mim, havíamos combinado o horário de retorno das crianças. Eu me enganei? Saí mais cedo de uma reunião só para estar aqui na hora marcada." Depois de ouvi-lo, ela resolve obter mais informações e pergunta: "Como você percebe a situação? Você tem alguma sugestão para reduzir a ocorrência de incômodos desse tipo?"

Ainda assim, há momentos em que as emoções são tão intensas que todos os conselhos racionais do mundo parecem inúteis. Nesses casos, você só quer desabafar. Faça isso, mas recomendamos cautela.

Ao desabafar, tenha cuidado para não criar mais justificativas para a sua raiva. Quando conversar com alguém sobre suas emoções fortes e negativas, reconheça que você se arrisca a criar novas justificativas para a sua raiva. Talvez seu interlocutor não ache os motivos da sua frustração razoáveis, mas você provavelmente sustentará suas motivações. Quanto mais você justificar sua irritação — diante de um colega, de um amigo ou da pessoa que o incomoda —, mais convicto fica. Então, em vez de ser eliminada, sua raiva aumenta.

Não fuja do tema. Para evitar uma série interminável de desculpas, não aborde reclamações anteriores na conversa, como: "Bem, isso me lembra quando você..." Embora John e Louise estivessem discutindo sobre o horário de retorno dos filhos, ambos fugiram do tema. Louise atacou John: "Você está sempre atrasado", e ele devolveu na mesma moeda: "Você sempre foi controladora." Esses insultos e ataques transformaram um conflito delimitado em uma confusão incontrolável.

Nossa recomendação: mantenha o foco na situação atual. Estabeleça uma regra proibindo reclamações passadas e ofensas. Só devem ser abordadas questões diretamente pertinentes à situação. Estabeleça uma segunda regra para que, em caso de violação da primeira, cada parte faça uma pequena pausa para determinar ações produtivas.

Desabafe com alguém que não seja a pessoa que desencadeou suas emoções. Até mesmo desabafar com uma pessoa sem nenhuma participação na questão, como um amigo próximo, pode ser arriscado. Se o amigo for parcial e o apoiar, reforçará sua percepção negativa a respeito da pessoa que o irritou. Por exemplo, John vai ao bar depois de ter deixado os filhos com a ex-mulher. Ele sabe da importância de manter uma boa relação com ela por causa das crianças, mas está frustrado com a interação de agora há pouco. Ele encontra um amigo no bar e começa a desabafar imediatamente: "Aquela cretina da Louise! Ela está fora de controle. Parece que está usando as crianças como reféns. Sem condições!"

O amigo de John concorda: "Sim, não faz nenhum sentido! Ela não tem o direito de fazer isso com os seus filhos!"

Consequentemente, John fica cada vez mais convicto das suas ideias egoístas e o ciclo de raiva entre ele e Louise tende a se intensificar ainda mais.

Para evitar um festival de desculpas, recomendamos que você *não* desabafe diretamente com a pessoa que o irritou. Em vez disso, comunique suas emoções a um amigo ou colega sem nenhuma participação na questão, mas que possa moderar sua perspectiva e equilibrar seu ímpeto de se justificar. Por exemplo, depois de deixar as crianças com a ex-mulher, John pode chamar um amigo de confiança para moderar seu ponto de vista: "Acabei de brigar outra vez com a Louise. Tenho que descarregar um pouco da tensão. Você tem alguns minutos para me ouvir? Quero a sua opinião, pois acho que não estou percebendo muito bem a situação."

Desabafe como se estivesse do outro lado. Ao desabafar consigo mesmo ou com um colega próximo, tenha cuidado para não piorar a situação. Nesses casos, é uma boa ideia desabafar como se você estivesse no outro lado. O que o outro negociador diria? Como ele descreveria o conflito? Ao desabafar colocando-se no lugar do outro, você passa a compreender melhor a perspectiva do seu interlocutor e, consequentemente, aplaca alguns dos seus sentimentos mais fortes.

Escreva uma carta para a pessoa que o irritou, mas não a envie. Às vezes, é impossível ou inviável recorrer ao auxílio de terceiros para lidar com nossas emoções fortes, mas você pode abordar suas emoções sozinho. Após a negociação ou durante uma pausa, uma boa opção é escrever uma carta ou e-mail para a pessoa que, em sua opinião, o magoou. Descreva o impacto do comportamento dela sobre você e inclua uma seção com alternativas para avançar na negociação. Mas não envie a carta imediatamente — tire um ou dois dias para pensar e determinar se enviá-la será vantajoso para os seus propósitos na negociação. Você também pode compartilhar a carta e sua experiência com um colega de confiança e pedir a opinião dele sobre o tema.

Propósito 2: Informar às Outras Pessoas a Respeito do Impacto do Comportamento Delas sobre Você

Comunicar para a outra pessoa o impacto emocional das ações dela sobre você é outro propósito da expressão das emoções fortes. Os comentários e ações do outro negociador podem causar um impacto poderoso em suas emoções. Por outro lado, ele pode demonstrar um maior apreço pela sua experiência emocional se for informado claramente a respeito do efeito do comportamento dele sobre você.

Confira este exemplo: um médico de meia-idade foi indicado para atuar como supervisor de uma jovem estudante de medicina. Durante as reuniões de rotina do hospital, ele testava os conhecimentos dela em anatomia. Quando ela errava, ele tinha uma resposta sarcástica: "Estude mais!" Ela se sentia perseguida e humilhada com os comentários do médico. Mas, em vez de presumir que as intenções dele eram péssimas e desabafar, ela marcou uma reunião particular com ele e calmamente o informou sobre o impacto dos comentários dele sobre ela:

"Agradeço o tempo que você disponibilizou para esse encontro. O que eu tenho para dizer não é fácil de expressar", ela disse. "Fico constrangida quando erro as respostas das suas perguntas. Estudo muito, mas estou começando a ficar aflita, pois não sei se conseguirei ser bem-sucedida como médica. Estou pensando em largar o curso."

O médico mal conteve sua surpresa diante daqueles comentários. Ele confessou que todos os anos escolhia o aluno mais apto do curso e o incentivava a atingir a excelência. Ela fora a escolhida daquele ano.

Descrever ao supervisor o impacto do seu comportamento rendeu bons frutos para a aluna. Mas e se ele reagisse com hostilidade, fixando seu olhar no dela e dizendo: "Se for o caso, largue o curso. Se isso não for para você, vá em frente"?

Sua resposta poderia comunicar o impacto *desse* comentário sobre ela: "Eu me sinto perdida no curso. São muitas variáveis. Essa sugestão de desistência não é a orientação de que eu preciso agora." O supervisor talvez se recuse a ajudá-la, mas, pelo menos, ele passará a compreender melhor a experiência e as demandas emocionais da jovem estudante de medicina.

Propósito 3: Influenciar a Outra Pessoa

O terceiro propósito de expressar as emoções fortes é influenciar o comportamento da pessoa com quem estamos negociando. Ao comunicar a intensidade das suas emoções, você demonstra a importância dos seus interesses.

Vamos diferenciar duas situações. Em uma delas, os negociadores revelam honestamente uma emoção forte e autêntica (que não costumam comunicar) para comover o outro negociador.

Na segunda situação, bem diferente da primeira, o negociador simula uma frustração emocional para influenciar desonestamente a outra pessoa. Em vez de revelar emoções fortes autênticas, o negociador se converte em ator e finge que está sendo dominado por uma emoção forte e negativa. Mas o objetivo aqui é o mesmo que no primeiro caso: influenciar o comportamento do outro negociador.

Quando pensamos em usar emoções deliberadamente para influenciar o outro negociador, a diferença entre *revelar* uma emoção autêntica de força desconhecida e *simular* uma emoção intensa e talvez incontrolável pode não ser tão clara quanto nos parágrafos anteriores. Às vezes, expressar uma emoção forte é um ato estratégico destinado a influenciar o comportamento da outra pessoa. A raiva do pai ou da mãe — quando expressada claramente — pode ser melhor para forçar um adolescente a cumprir suas tarefas do que qualquer tentativa de persuasão racional. Uma intensa expressão de raiva pode persuadir as outras pessoas a agirem de acordo com nossos interesses. Para influenciar o outro negociador a fazer uma concessão, você deve abandonar a reunião, rasgar suas anotações ou falar mais alto? Seja qual for sua opção, seus interlocutores podem expressar emoções fortes de forma desonesta a fim de influenciá-lo, talvez para conseguir um preço melhor pela casa que estão lhe vendendo.

Expressar emoções fortes também pode ser uma forma de influenciar a imagem que outra pessoa tem de você. Por exemplo, um advogado sênior percebe um novo associado como um profissional fraco, passivo e incapaz de lidar com os clientes mais importantes e complexos. Por sua vez, o jovem associado, ao perceber a visão do advogado sênior a respeito dele, passa a manifestar suas opiniões com mais firmeza durante as reuniões.

Quase nunca é possível definir o estado emocional de alguém em termos exatos. Essa imprecisão encoraja os negociadores a blefarem, enganarem e agirem de forma desonesta. Como já vimos, confiar nas pessoas depende de uma análise dos riscos inerentes a cada situação. Todos os estelionatários são alguém em quem se confiou — equivocadamente. Então, tenha cuidado. Seja prudente com sua confiança. Os negociadores se saem melhor quando são confiáveis. Antes de empreender uma ação desonesta, avalie os custos e os riscos. Muitas vezes é viável e, geralmente, mais agradável adotar uma conduta que seja motivo de orgulho para você, seus filhos e as outras pessoas.

Propósito 4: Consolidar um Relacionamento

O quarto propósito para expressar emoções fortes é preservar ou construir um relacionamento com outra pessoa. Muitos negociadores interagem uns com os outros repetidas vezes. Como ocorre no casamento, se os pontos de tensão não forem abordados, a capacidade de colaborar de forma eficaz pode diminuir. Os negociadores passam a ver os outros de forma cada vez mais negativa. O resíduo emocional se acumula até que a antipatia seja total.

Existem duas táticas essenciais para consolidar um relacionamento. Primeiro, explique suas intenções ao agir de determinada forma. Muitas vezes, os negociadores imaginam a pior explicação possível para o comportamento da outra pessoa. Definir suas intenções pode resolver esse problema. Por exemplo, o outro lado desconfia de que você elaborou uma versão preliminar do acordo de um modo tendencioso. Se não for verdade, basta dizer: "Minha intenção ao redigir um esboço inicial da proposta foi viabilizar uma colaboração eficiente, pois temos pouco tempo. Mas fiquem à vontade para sugerir modificações, já que nenhuma sugestão até agora vale como compromisso."

Segundo, se você disse ou fez algo que provocou sentimentos fortes e negativos na outra pessoa, um pedido de desculpas pode mitigar a raiva dela. Pedir desculpas é uma maneira econômica de reformular um relacionamento. Um pedido de desculpas sincero e oportuno pode reparar uma grande quantidade de danos. Alguns dos principais elementos de um pedido eficaz são: o reconhecimento do impacto emocional da sua ação sobre as outras pessoas, uma expressão de arrependimento e o compromisso de não repetir a ação negativa. A frase "Que pena que você se sente mal" não é tão eficiente quanto "Peço desculpas pelo meu mau comportamento e pelo inconveniente que ele lhe causou".

CONSELHOS PARA A BURGER BROTHERS E O SUPER SOX

Vamos conferir novamente a negociação entre Bill (da Burger Brothers) e Sandra (coproprietária do time de beisebol Super Sox). Se Bill e Sandra pudessem voltar no tempo e reformular sua interação, como fariam para lidar com suas emoções fortes e negativas de forma mais eficiente?

Conselhos para Bill, o Negociador da Burger Brothers

Compreensivelmente, Bill está em uma posição difícil. Ele tem que preservar três tipos de relacionamentos:

Primeiro, a relação entre a Burger Brothers e o Super Sox. Para colaborar de forma eficaz, essas duas empresas devem criar um senso de associação e confiança mútuos.

Segundo, a relação entre Bill e Sandra. Bill já trabalhou bem com Sandra no passado, mas agora traz informações difíceis para ela.

Terceiro, a relação entre Bill e o CEO da Burger Brothers. Por ter convencido o CEO da Burger Brothers a estabelecer a colaboração com o Super Sox, a credibilidade de Bill está em jogo.

Crie um plano de emergência para lidar com emoções fortes. Bill sabe da possibilidade de sentir emoções fortes antes, durante e depois da reunião com Sandra. Então, para preservar seus três relacionamentos, ele dedica alguns minutos a definir um plano de emergência para aplacar essas emoções. Seu método será o seguinte: assim que perceber um aumento na intensidade das suas emoções, ele respirará profundamente três vezes — inspirando pelo nariz e expirando pela boca. Se a temperatura emocional de Sandra aumentar, ele primeiro tentará apreciar a perspectiva dela. Se isso não der certo, ele recomendará uma pequena pausa "para identificar formas de avançar na discussão".

Identifique os fatores indutores de emoções fortes. Antes da negociação, Bill identifica os principais interesses que Sandra expressará quando ele comunicar a insatisfação da Burger Brothers com a campanha de publicidade do Super Sox. Ele anota esses interesses em uma folha de papel e toma algumas notas sobre a dinâmica de cada um deles:

Associação: Sandra e eu temos uma longa história de colaboração profissional. Talvez ela ache que estou traindo esse relacionamento.

Autonomia: Sandra pode ficar irritada por eu estar apontando os problemas na campanha de publicidade. Ela não pode resolver os problemas do passado, mas talvez ache que estou mencionado esses pontos para obter mais concessões dela em um futuro contrato.

Apreço: Ela provavelmente achará que eu não entendo ou não valorizo a perspectiva dela sobre a situação. Então, eu devo perguntar sobre as ações dela e do Super Sox em prol da nossa empresa.

Status: Por ser coproprietária do Super Sox, se eu questionar a eficácia da sua organização, ela pode perceber isso como um ataque ao seu status. Talvez ela se sinta diminuída ao saber que estamos considerando romper com o Super Sox.

Função: Sandra gosta de exercer o papel de criadora, sugerindo ideias criativas para a campanha de marketing. A conversa talvez não siga nessa direção em um primeiro momento.

Defina o propósito de expressar suas emoções fortes. Bill se pergunta: "Qual é o objetivo de expressar minha raiva em relação à Sandra e ao Super Sox?"

Quero desabafar com Sandra? Não. Isso arriscaria os possíveis benefícios de um relacionamento de longo prazo. Provavelmente, é melhor expressar essa frustração para minha esposa, que pode moderar minhas emoções e desculpas.

Meu propósito é informar Sandra a respeito do impacto da negligência do Super Sox sobre mim e a Burger Brothers? Sim. Pode ser bom para nossas relações se Sandra compreender os problemas associados à falta de produtividade do Super Sox. E, se souber que o CEO da Burger Brothers ficou irritado comigo, talvez ela aprecie melhor a minha situação. Posso descrever alguns lapsos do Super Sox em relação aos seus compromissos de publicidade junto à Burger Brothers. Também posso dizer a ela: "Eu disse ao meu chefe que você é uma ótima parceira profissional. Ele concordou em dar prosseguimento aos negócios com base nessa minha recomendação. Não gostei do que está acontecendo. Fiquei constrangido."

Meu propósito é influenciar o Super Sox? Sim. Quero expressar minhas emoções com intensidade suficiente para comunicar à Sandra que a situação deve ser abordada. O Super Sox deve melhorar sua atuação na campanha de publicidade e, se for o caso, lidar com os lapsos organizacionais causaram o problema.

Meu propósito é consolidar o relacionamento? Sim. Tenho uma grande admiração pela Sandra nos níveis profissional e pessoal. Já trabalhamos bem no passad e nosso relacionamento pode melhorar se eu tratá-la com respeito e colaborar com ela para incrementar nosso desempenho. Resolveremos diferenças críticas como bons amigos.

Baixando sua temperatura emocional. Dez minutos antes de encontrar Sandra, Bill identifica um aumento na sua temperatura emocional, que se aproxima do ponto de risco. Suas mãos estão suadas, e ele não está conseguindo se concentrar porque está ansioso. Como planejado, ele respira três vezes, lenta e profundamente, e se sente mais equilibrado depois disso.

Bill agora está pronto para a montanha-russa emocional da reunião. Ele sabe o que fazer se as emoções dele ou as de Sandra dispararem e já determinou o propósito de expressar suas emoções fortes. Sua preparação o ajudará na reunião e aumentará sua confiança.

Conselhos para Sandra, Coproprietária do Super Sox

A orientação mais importante para Sandra é se preparar. Ela não sabe que está prestes a entrar em um campo minado. Uma boa preparação pode protegê-la de eventuais danos — e talvez ela até se dê bem na negociação.

Como coproprietária do Super Sox, Sandra tem a agenda cheia. Mas ela identifica os pontos importantes que serão tratados na negociação com Bill e dedica meia hora a se preparar para a ocasião. Ela passa 15 minutos analisando os Sete Elementos da Negociação (veja no Capítulo de Conclusão) e sua aplicação à situação atual. Os outros 15 minutos são destinados à preparação para as emoções que poderão surgir durante o encontro.

Crie um plano de emergência para lidar com emoções fortes. Sandra já trabalha na área há muitos anos e acha que a próxima negociação com Bill será fácil. No entanto, ela sabe que as emoções fortes podem despontar rapidamente — e quando menos esperamos. Por isso, se a sua temperatura emocional atingir o ponto de risco, ela fará uma pausa, contará de dez até um e pensará em como reagir diante da situação. Se Bill ficar irritado ou frustrado, ela deixará que as grosserias entrem por um ouvido e saiam pelo outro.

Sandra não tem tempo para identificar os interesses mais importantes para Bill, mas escreve os cinco principais interesses em um bloco de notas para fins de referência, se for o caso.

Use o plano de emergência. Depois de uma extensa reunião matinal, Sandra parte para encontrar Bill. Ela está animada para conversar com ele sobre o futuro. Mas, assim que ele expressa sua raiva em relação ao desempenho do Super Sox, ela sente uma onda de surpresa e constrangimento e pensa: "Trabalhei vários dias e noites pelo sucesso da conta da Burger Brothers! O que Bill está dizendo é um absurdo!"

Ela percebe que está começando a desabafar consigo mesma e se dispõe a recuperar o equilíbrio entre razão e emoção. Antes de responder a Bill, ela faz uma pausa, conta de dez até um e pensa na sua reação. A pausa diminui o ritmo da conversa. Bill espera ansioso pela reação dela.

Determine o propósito. Sandra pensa rápido e tem vontade de insultar Bill por ele ter ousado questionar o comprometimento do Super Sox. Mas ela se contém, pois sabe que o principal objetivo de expressar suas emoções é preservar seu relacionamento com ele e com a Burger Brothers. Ela admite que Bill talvez esteja tentando usar suas emoções fortes para influenciar o Super Sox a fazer mais concessões, portanto, ela precisa de um método econômico para lidar com as emoções de Bill sem fazer nenhum sacrifício substancial. Então, ela resolve demonstrar apreço pela situação dele, uma prática que tem um baixo custo e pode gerar muitas informações. Ela respira fundo e diz: "Estou surpresa por não termos sido informados sobre a sua insatisfação. Quero compreender seus interesses da melhor forma possível. Eu agradeceria se você descrevesse alguns dos nossos lapsos." Ao apreciar a perspectiva de Bill, ela passa a compreender melhor suas motivações, seus medos e suas expectativas. Ela descobre que a Burger Brothers ainda está disposta a cooperar, que ainda tem o respeito de Bill e que ainda há muitas opções disponíveis para essa parceria.

RESUMO

As emoções fortes ocorrem — e geralmente quando menos esperamos. Para lidar bem com elas, temos que nos preparar, e essa preparação consiste em:

- Determinar nossa temperatura emocional;
- Elaborar um plano de emergência:
- para aplacar emoções fortes e negativas
- para identificar os fatores indutores das nossas emoções e
- para atuar segundo um propósito claro.

Embora muitos achem que o desabafo é uma forma eficiente de eliminar emoções fortes e negativas, essa prática só costuma aumentar a irritação das pessoas. Quanto mais criamos argumentos para demonstrar que estamos certos e os outros estão errados, mais nos aproximamos da catástrofe. Desabafar pode ser eficiente quando há alguém para moderar nossas desculpas e ponderar a perspectiva das partes sobre a situação.

CAPÍTULO 9

A Preparação

Prepare Seu Processo, Seu Conteúdo e Suas Emoções

Um dia, por acaso, Roger percebeu que estava ao lado de um ex-aluno em um voo de Nova York para Boston. Ele não se conteve e perguntou o que advogado recordava do workshop de negociação de que participara anos atrás. Depois de pensar um pouco, o ex-aluno disse que havia aprendido e ainda se lembrava de três lições importantes:

Prepare-se.

Prepare-se.

Prepare-se.

Ele fora um bom aluno. Comumente, não otimizamos nossos pensamentos e emoções por falta de preparação.

Há duas explicações básicas para a má preparação dos negociadores, até mesmo dos mais experientes. Primeiro, às vezes eles não se preparam para a negociação de forma estruturada. Eles partem da premissa de que a preparação implica na leitura dos documentos pertinentes e na definição da reunião e do valor que será exigido ou oferecido. No entanto, dominar o aspecto documental da questão não é suficiente para preparar o negociador em seus objetivos de estabelecer um processo de negociação eficiente, determinar os interesses dos envolvidos e lidar com as emoções deles.

Segundo, os negociadores geralmente não dispõem de uma rotina para aprender com as negociações anteriores. É difícil romper com velhos hábitos. Ao negociar com um chefe, colega ou cônjuge, os negociadores tendem a reproduzir comportamentos inúteis que provocam emoções problemáticas em si mesmos e nas outras pessoas. Alguns negociadores chegam à reunião aflitos e ansiosos; outros, excessivamente confiantes. Alguns negociadores se retraem diante de uma rejeição; outros se retiram da sala. Em todo caso, os negociadores não costumam aprender com as interações nem aplicar as lições obtidas. O negociador raramente assume a culpa por uma reunião ruim; em vez disso, ele atribui os maus resultados ao outro lado.

Uma preparação criteriosa estimula emoções positivas e aumenta a eficácia da negociação. Portanto, este capítulo traz orientações sobre como estruturar sua preparação e aprender com as negociações anteriores.

PREPARE-SE ANTES DAS NEGOCIAÇÕES

A preparação abrange três aspectos da negociação: o processo, o conteúdo e as emoções. Quando nos preparamos bem para as questões substantivas que podem surgir na negociação e criamos um processo para lidar com elas, reduzimos boa parte da ansiedade emocional. A preparação emocional consiste na definição criteriosa das etapas necessárias para construir um relacionamento eficiente e na adoção de medidas pouco antes da negociação para mitigar sua ansiedade.

Desenvolva uma Sequência Provável de Eventos para o Processo

Um aspecto fundamental da preparação é a estrutura do processo de negociação. Grande parte da ansiedade do negociador decorre do receio de não saber o que dizer ao ser indicado para tomar uma decisão importante. Portanto, é uma boa ideia preparar um processo com o qual você fique à vontade.

Para elaborar um bom processo, analise (sozinho e, depois, com o outro lado) três pontos: propósito, produto e processo.

- **Objetivo**: Qual é o objetivo da reunião?
- **Produto**: Qual documento atende melhor a esse propósito?

- **Processo**: Qual sequência de eventos resultará em um *produto* que atenda ao nosso *propósito*? Por exemplo:

  1. Determine os interesses de todos os envolvidos;
  2. Defina opções viáveis para atender a esses interesses;
  3. Selecione uma opção para recomendar.

Analise os Sete Elementos da Negociação para Formular o Conteúdo

O Harvard Negotiation Project identificou os sete elementos que formam a anatomia básica da negociação. (Para mais informações, veja o Capítulo de Conclusão.) Durante a preparação, uma análise desses sete elementos impactará pontos do processo — como melhorar a comunicação, construir um bom relacionamento, identificar previamente os interesses e definir opções antes de assumir compromissos — e do conteúdo: Quais são os interesses das partes? Há critérios de legitimidade persuasivos, como precedentes, leis e valor de mercado? Quais compromissos viáveis estão ao alcance de cada lado? Dado o contexto, qual é a MAAN (Melhor Alternativa a um Acordo Negociado)? Descobrimos que o risco de uma surpresa desconcertante — e, às vezes, desastrosa — pode ser reduzido expressivamente se, antes da negociação, cada negociador analisar os sete elementos pelo seu ponto de vista *e* pela perspectiva do outro lado.

Para saber se o outro lado é efetivamente receptivo aos seus argumentos substantivos, aplique uma variação do exercício da inversão de papéis (que vimos no Capítulo 3). Peça a um colega para atuar como se fosse seu interlocutor na negociação. Enquanto você argumenta, ele deve ouvir e tomar notas. Em seguida, troque os papéis com ele. Seu colega deve atuar na sua posição e você, na dele. Ele repetirá os argumentos que ouviu de você há pouco. Você, por sua vez, assumirá o papel do outro negociador e ouvirá sua própria argumentação. Coloque-se no lugar do interlocutor e determine sua resposta mais provável no contexto. Em seguida, troque impressões com seu colega para definir a percepção do outro lado a respeito dos seus argumentos. Geralmente, essa prática é muito produtiva e permite que você reformule sua argumentação com base no conhecimento obtido na simulação — antes mesmo de começar a negociação.

TABELA 11

USE OS SETE ELEMENTOS EM SUA PREPARAÇÃO

1. **Relacionamento.** Como percebemos a relação entre os negociadores? Eles são adversários ou colegas? Como gostaríamos que fosse esse relacionamento? Que medidas podemos adotar para melhorar esse relacionamento? Devemos nos sentar lado a lado? Usar a mesma linguagem? Como podemos criar uma ligação e estimular a receptividade?
2. **Comunicação.** Estamos escutando nossos interlocutores? Quais são seus principais pontos? Que pontos devemos comunicar?
3. **Interesses.** Quais são, em ordem de importância, nossos interesses? Quais são os principais interesses do outro lado? Quais dos nossos interesses são compatíveis com os deles? Quais dos nossos interesses são antagônicos?
4. **Opções.** Quais possíveis pontos de convergência são aceitáveis para os dois lados?
5. **Critérios de justiça.** Quais precedentes ou outros padrões de legitimidade podem persuadir todos os envolvidos?
6. **MAAN (Melhor Alternativa a um Acordo Negociado).** Se não fecharmos um acordo com os outros negociadores, o que faremos? Se eles não quiserem estabelecer nenhum compromisso, qual é a melhor alternativa de evasão ao alcance deles?
7. **Compromissos.** Quais são os melhores compromissos que podemos negociar com o outro lado de forma realista? Que compromissos estamos preparados para assumir a fim de chegar a um acordo? Formule possíveis compromissos para cada lado.

Certa vez, quando ainda atuava como advogado, o juiz distrital federal Gerhard Gesell comunicou aos seus associados mais novos que a firma havia sido contratada para orientar o autor em uma ação antitruste. Eles deveriam passar uma semana na biblioteca, pesquisando os precedentes e preparando a argumentação do cliente.

Na semana seguinte, os jovens advogados voltaram, contentes e otimistas, e disseram a Gesell que o caso era muito importante, que o autor tinha bons argumentos a seu favor e que eles certamente ganhariam a ação.

Depois de ouvir um resumo dos bons argumentos a favor do autor, Gesell disse a verdade aos advogados: de fato, a firma fora contratada pelo réu. Eles não acreditaram e afirmaram que o caso do réu era terrível. Gesell lhes disse para não se preocuparem. Logo eles constatariam que o caso do réu era excelente, mas primeiro tinham que compreender a força das alegações do autor.

Com isso em mente, eles começaram a trabalhar em prol do réu, que acabou ganhando: os argumentos dos advogados foram potencializados pela sua compreensão plena acerca dos méritos do caso apresentado pelo autor.

Por último, uma excelente atividade de preparação é escrever um comunicado para os outros negociadores divulgarem aos apoiadores deles caso aceitem as suas sugestões. Em geral, essa atividade indica quando nossas exigências são inviáveis e destaca a importância do principal interesse relacionado à associação do nosso interlocutor com seus apoiadores.

Avalie os Principais Interesses e a Fisiologia para Lidar com as Emoções

Um aspecto importante da preparação consiste em lidar com suas próprias emoções e se preparar para lidar com as emoções dos seus interlocutores. Em sua preparação emocional, você deve:

- Compreender claramente e definir como atenderá aos interesses das partes; e
- Adquirir calma e confiança suficientes para manter o foco durante a negociação.

Use os principais interesses como uma lente e como uma alavanca. Durante a preparação para a negociação, tire alguns minutos para analisar os principais interesses. Como vimos no Capítulo 2, você pode usar os principais interesses como uma lente (para definir os pontos sensíveis da interação) e como uma alavanca (para melhorar a situação).

Uma lente para compreender. Determine os interesses sensíveis das outras pessoas na negociação, analise os cinco principais e selecione os que provavelmente serão abordados. Você trabalha em uma empresa renomada; seu interlocutor achará que isso diminui o status dele? Ele costumar afirmar a própria autonomia; você se sentirá enfraquecido por isso?

Uma alavanca para melhorar a situação. Determine formas de estimular emoções positivas com base nos principais interesses. Você pode começar a reunião reconhecendo o status específico do outro negociador como especialista no campo substantivo em questão? Você pode sugerir um processo de negociação que estabeleça autonomia para cada parte expressar seus interesses sem interrupção?

Se você recordar a dinâmica dos seus principais interesses nas negociações anteriores, sua preparação emocional para as negociações futuras será mais fácil e as emoções que surgirem durante o processo causarão menos surpresas.

No entanto, recordar os sentimentos que vivenciamos em negociações anteriores geralmente é muito difícil e bem pouco confiável. Basta pensar na dificuldade de lembrar o que comemos no jantar de quarta-feira passada para se convencer de que é difícil recordar experiências passadas e de que a memória é bastante suscetível a erros.

Para reduzir os lapsos da memória, faça anotações durante a interação e registre os momentos em que uma parte disser ou fizer algo para apreciar ou desvalorizar os principais interesses da outra. Depois da sessão, ouça as opiniões dos seus colegas. Algum deles teve seus principais interesses respeitados ou depreciados? Por quê? Logo depois da negociação, registre essas observações, bem como suas ideias para diferentes procedimentos em futuras negociações. Crie um registro de longo prazo para identificar os principais padrões de comportamento dos negociadores.

Antes de uma negociação, leia suas anotações para recordar como você e as outras pessoas reagiram e as lições que aprenderam no passado. Além disso, determine formas de usar esse conhecimento para melhorar suas interações futuras.

Visualize o sucesso. Antes de iniciarem a descida por uma rota íngreme, esquiadores profissionais geralmente se imaginam percorrendo graciosamente o trajeto, contornando as árvores, pedras e outros atletas que surgirão à sua frente com grande habilidade. Isso também funciona para negociações. Imagine-se à vontade, estabelecendo um tom positivo, construindo uma ligação, captando as mensagens do seu interlocutor e criando um relacionamento profissional produtivo.

Imagine-se no início da negociação — você está cumprimentando o outro negociador. Como você reagirá se for tratado como adversário e mantido à distância por ele? Você está preparado para reformular sua associação como a de colegas que devem colaborar para abordar questões importantes? Como você deve se apresentar para definir o tom emocional correto da reunião e, ao mesmo tempo, reconhecer os interesses associados ao status? Tente diferentes alternativas até encontrar as mais adequadas.

"Jan! Que bom vê-lo novamente. Como você tem passado?"

"Dr. Jones? Sou a professora Smith, mas você pode me chamar de Melissa. Posso chamá-lo de Tom?"

"Prazer em conhecê-lo. Ouvi falar muito bem de você. Quero muito ouvir suas ideias para resolver esse problema."

Você também pode se preparar para instigar bons sentimentos no seu interlocutor. Elabore e ensaie roteiros eficientes para pedir orientação, demonstrar apreço pela contribuição dele à negociação e reconhecer suas outras funções. Seja qual for a abordagem que você escolher, suas perguntas e comentários devem expressar um interesse sincero, sem indiscrições.

Controle sua fisiologia. Os principais interesses não serão úteis se a ansiedade, o medo e as frustrações prejudicarem sua capacidade de pensar com clareza. Portanto, reserve um tempo pouco antes da negociação para aplacar seu nervosismo e outras emoções fortes.

Use técnicas de relaxamento para se tranquilizar. Com alguns minutos de respiração profunda, você relaxará e se concentrará melhor. Outro exercício para aplacar as emoções antes da negociação é o relaxamento muscular progressivo, atividade que dura cerca de 15 minutos. Primeiro, sente-se em uma posição confortável (como no banco do seu carro antes de uma reunião). Respire fundo. Concentre-se nos seus pés. Flexione e sinta a tensão nos dedos. Mantenha esse movimento por um segundo e, depois, relaxe. Vá subindo pelo seu corpo, contraindo seus músculos para, em seguida, relaxá-los, eliminando a tensão. Faça isso da parte de trás das panturrilhas até os ombros.

Quando acabar, abaixe o queixo e vire a cabeça lentamente para a direita até seu ouvido ficar em cima do ombro; mantenha essa posição por dois segundos. Em seguida, vire a cabeça até seu ouvido esquerdo ficar em cima do ombro e mantenha essa posição por um momento. Depois, levante a cabeça e endireite os ombros. Você se sentirá mais relaxado e preparado para a negociação.

Prepare um kit de primeiros socorros para emoções. Como vimos no Capítulo 8, as emoções fortes e negativas podem prejudicar seu raciocínio. Para controlar seus estímulos fisiológicos, fique atento aos sintomas que indicam o aumento da sua temperatura emocional. Selecione um ou dois comportamentos para manter a calma. Quando se sentir muito frustrado, você pretende contar até dez ou sugerir uma pequena pausa?

Controle seu humor. É importante saber como está o seu humor — se você está se sentindo para cima ou para baixo. Quais sentimentos você levará para a reunião? Mesmo que você seja proativo na sua preparação emocional, o mau humor pode deixá-lo mais suscetível a estímulos fisiológicos e à perda do controle sobre seu comportamento.

Geralmente, é difícil identificar a causa do mau humor. Ele pode ser um efeito de condutas abusivas, do fato de ser uma manhã de segunda-feira ou da influência de neurotransmissores que "decidiram" prejudicá-lo nesse dia.

Em todo caso, estar ciente do seu humor pode moderar seus efeitos no seu comportamento na negociação. Se estiver de mau humor, explique a situação para que os outros negociadores não se equivoquem ao atribuir seu estado aos comentários ou ações deles. Diga aos seus colegas: "Essas reuniões matinais de segunda-feira sempre acabam com meu humor. Peço desculpas se eu parecer um pouco irritado." No mínimo, você pode monitorar seu comportamento para não dizer nem fazer nada que atrapalhe a negociação.

Ao perceber seu mau humor, você pode se animar. Em geral, temos a opção de mudar nosso humor em vez de ficarmos presos a ele. Coisas simples, como uma boa noite de sono e uma refeição saudável, podem ser muito eficientes. Antes da negociação, tire alguns minutos para evocar boas lembranças, dar um passeio ou conversar com um amigo que possa animá-lo. Durante o processo, você pode se expressar de modo calmo e confiante — sente-se na sua cadeira, fale com firmeza e conduza a negociação com seu interlocutor. Depois de algum tempo, você se sentirá mais seguro.

Analise o Processo Após a Negociação

Todo negociador pode se beneficiar do aprendizado prático. Se você prestar bastante atenção, aprenderá tanto com seus fracassos quanto com seus sucessos. Como outros tipos de formação profissional, o aprendizado em negociação depende essencialmente de uma mentalidade voltada para a aplicação prática dos conhecimentos acumulados.

Os negociadores precisam desenvolver o hábito de analisar suas negociações e articular as lições aprendidas para que esse conhecimento, obtido a duras penas, não se perca. As informações enterradas no seu cérebro só serão aproveitadas se você as utilizar para formular diretrizes operacionais. Ao analisar a negociação logo após sua conclusão, você converte o conhecimento desarticulado em uma diretriz expressa para o futuro. Determine formas de aplicar essa diretriz em suas interações com seu cônjuge, seu chefe, seus colegas e outros negociadores. Embora o contexto das negociações varie, sua capacidade de concretizar objetivos melhorará de maneira consistente.

Reserve entre 30 e 60 minutos para a análise pós-negociação. Uma sócia seguiu essa orientação e convenceu os demais sócios e associados de um escritório de advocacia de Washington a também adotarem a prática. Depois das negociações, os advogados passaram a voltar ao escritório para uma reunião de uma hora. Em vez do típico bate-papo informal sobre a negociação, eles aproveitavam esse tempo para fazer um balanço sistemático dos fatos. Os advogados descobriram que uma análise criteriosa era muito mais eficiente — e agradável — do que jogar conversa fora.

A análise pode ser feita com outros negociadores, um colega ou individualmente. Quando você atuar com vários negociadores no mesmo lado, convide todos para participarem, pois cada um deles terá observado e recordará os mesmos eventos de forma bem diferente. Em uma negociação com vários participantes, tantas coisas acontecem e tão rapidamente que, muitas vezes, a ocasião lembra a fábula dos cegos e do elefante. Por tocarem diferentes partes do animal, cada cego imaginou o animal com uma forma completamente diferente do outro. Conhecer as diversas perspectivas de várias pessoas provavelmente fará com que cada uma seja um pouco mais humilde sobre o que "sabe" que aconteceu e enriquecerá a interação entre os envolvidos.

Mesmo que seus colegas não participem da análise, não deixe de aproveitar ao máximo os conhecimentos obtidos na negociação. Analisar uma negociação, até mesmo individualmente, é uma oportunidade valiosa de aprender com a prática. Ao voltar para casa, por exemplo, você pode reservar alguns minutos para analisar a negociação realizada naquele dia.

Determine os PE e os PM — os Pontos Eficientes e os Pontos a Mudar

Algumas pessoas não costumam analisar as negociações por receio de serem julgadas e criticadas. Expressamente, a análise da negociação serve para que os envolvidos aprendam com suas experiências. Uma forma simples e eficiente de analisar uma negociação é determinar os PE e os PM: os *P*ontos *E*ficientes e os *P*ontos a *M*udar no processo.

Há boas perguntas para iniciar uma análise, como: "Quais foram as melhores ações dos outros negociadores? Por quê?" Você pode aprender com os outros negociadores ao analisar o que eles disseram e fizeram para melhorar o processo de negociação. As perguntas deles estimularam todos a falarem sobre seus interesses? Eles sugeriram uma reunião informal durante o almoço antes da próxima negociação para consolidar a associação entre os envolvidos?

Por outro lado, durante a negociação, quais foram os erros cometidos pela outra parte e quais ações poderiam ter sido realizadas de forma mais eficaz? Objetivamente, qual sugestão você pode dar para que os outros negociadores mudem algum ponto no processo? Por quê?

Depois de analisar os pontos eficientes e fracos no desempenho dos outros negociadores, você pode questionar sua performance segundo os mesmos critérios. Durante a negociação, quais ações da sua equipe foram eficientes?

E, finalmente, quais erros você cometeu? Por quê? Você pode converter essas informações em diretrizes para o futuro? Qual ação você deseja repetir e qual deseja mudar? Depois de criar diretrizes, determine formas de aplicá-las a diferentes casos, com membros da sua família, colegas e representantes de outras organizações.

Mantenha o Foco nas Emoções, no Processo e no Conteúdo

Ao analisar os pontos eficientes e os pontos a mudar, priorize os três aspectos mais importantes: as emoções, o processo e o conteúdo. Quais ações, suas e da outra parte, atenderam bem a esses aspectos? O que pode ser feito diferente?

Pesquise na memória as emoções vivenciadas pelos envolvidos na negociação. Pense em algo que os incomodou, animou, interessou ou irritou. O que você pode fazer para aplacar as emoções negativas da próxima vez?

As emoções mais acessíveis estão ligadas a expressões de apreço — ou de desapreço. Analise os principais interesses para definir os sentimentos despertados em você e nas outras pessoas:

1. *Apreço*

   Você se sentiu compreendido, ouvido e valorizado pelo seu ponto de vista?

   O outro negociador se sentiu apreciado?

2. *Associação*

   Você foi tratado como colega ou como adversário?

   Na sua opinião, o outro negociador se sentiu tratado como um colega?

3. *Autonomia*

   Você acha que sua autonomia foi restringida?

   Na sua opinião, o outro negociador achou que a autonomia dele foi respeitada?

4. ***Status***

Você acha que o outro negociador respeitou seu status nas áreas merecidas?

Você respeitou o status dele?

5. ***Função***

Você está contente com as atividades que realizou ao exercer sua função?

Você exerceu funções temporárias gratificantes e eficientes?

Você ampliou a função do outro negociador ao pedir orientações e recomendações?

Quanto ao processo, determine se houve uma agenda, como ela foi elaborada e por quem. A agenda foi seguida? Ela otimizou ou prejudicou a negociação? Durante o processo, como as pessoas definiram os temas que abordaram e o nível de cooperação que expressaram? Quais foram os pontos eficientes e o que pode ser feito diferente?

Determine formas de melhorar a agenda e a transforme em um roteiro padrão. Após essa análise, ela pode servir como base para as próximas negociações.

Para analisar os resultados substantivos, determine os pontos que deram certo e o que mudar em relação aos sete elementos que vimos neste capítulo. Por exemplo, quais das suas perguntas foram eficientes em revelar os interesses do outro lado? O que você pode fazer diferente da próxima vez? Como estimular uma maior criatividade na definição de opções?

Registre os Conhecimentos Obtidos

Registre os conhecimentos obtidos nas suas negociações em um caderno ou em um arquivo de computador. Anote o que você aprendeu com seus sucessos e erros e com as habilidades e lapsos dos outros negociadores. Com o tempo, você produzirá seu próprio guia de negociação.

Ao articular esse conhecimento, seu cérebro armazenará as informações pertinentes e viabilizará sua utilização. Se você recordar e usar essas ideias com frequência, elas ficarão sempre acessíveis.

Em nosso curso sobre o papel das emoções na negociação, os alunos devem registrar em um caderno suas experiências com os principais interesses durante as duas semanas do programa. Na primeira semana, eles observam e documentam os impactos do seu interesse associado à autonomia nas interações diárias entre os colegas. Na segunda semana, o papel dos alunos é mais ativo: eles devem respeitar sua autonomia e a dos seus colegas durante as interações diárias. Em seguida, eles são orientados a escrever sobre os pontos eficientes do exercício e como abordar esse interesse de forma mais eficaz.

Ao longo das semanas, os alunos aprendem a observar e a apreciar os principais interesses e desenvolvem a habilidade de aprender com suas experiências em negociações. No final do semestre, os alunos leem seus cadernos e escrevem um artigo sobre os conhecimentos obtidos no curso. Essa análise dos seus pensamentos, sentimentos e ações é essencial para que eles fixem o conteúdo.

RESUMO

A preparação melhora o clima emocional da negociação. Quando está bem preparado, o negociador chega à reunião confiante em relação às questões substantivas e ao processo e sabe como despertar emoções positivas nas partes envolvidas.

Uma preparação eficiente abrange duas importantes atividades:

- *Criar um roteiro para a preparação.* Você deve se preparar para lidar com o processo, com as questões substantivas (ou conteúdo) e com as emoções dos envolvidos na negociação.
- *Aprender com as negociações anteriores.* A experiência só será útil se for convertida em conhecimento. Depois da negociação, analise o processo, o conteúdo e as emoções que marcaram a interação. Determine as ações eficientes das partes envolvidas e os aspectos que podem melhorar no futuro.

CAPÍTULO 10

Aplicando Nossas Ideias no Mundo Real

Um Depoimento de Jamil Mahuad, Ex-Presidente do Equador

Depois de cinquenta anos, o conflito sobre a demarcação da fronteira entre o Equador e o Peru foi resolvido em uma negociação bem-sucedida entre o presidente equatoriano Jamil Mahuad (1998–2000) e o presidente peruano Alberto Fujimori (1990–2000).

O presidente Mahuad participou de dois cursos de negociação em Harvard — o primeiro ministrado por Roger, muitos anos atrás, e outro, mais recente, em que Roger e Dan abordavam expressamente a plataforma dos principais interesses. Durante o seminário, o presidente Mahuad percebeu que, intuitivamente, recorrera aos principais interesses para resolver a disputa de fronteira com o Peru. Neste capítulo, ele compartilha com os leitores sua experiência em aplicar esses interesses de forma criativa.

Tomei posse como presidente do Equador no dia 10 de agosto de 1998, depois de atuar durante seis anos como prefeito de Quito, a capital do meu país.

Minha principal meta como candidato era reduzir os níveis de pobreza e desigualdade naquele país andino de 12 milhões de habitantes, do tamanho do estado de Nevada. Para isso, a estratégia consistia em reproduzir nacionalmente a política que eu aplicara com sucesso quando era prefeito de Quito, uma cidade com 1,2 milhão de habitantes. "Prometer projetos viáveis, cumprir as promessas e ficar perto das pessoas" era a minha fórmula. Durante meu mandato como prefeito, a revista *Fortune* colocara Quito entre as dez cidades latino-americanas que mais haviam melhorado a qualidade de vida dos seus cidadãos.

No entanto, quando assumi a presidência, a economia equatoriana estava entrando na que seria — sem dúvida — sua pior crise econômica no século XX. Na mesma época, especialistas dos setores políticos, militares e diplomáticos previam um conflito armado iminente e, talvez inevitável, com o Peru.

A TEMPESTADE PERFEITA

Quem já leu o livro *A Tormenta*, ou viu o filme baseado nele, compreenderá bem a situação do Equador em 1998 e 1999. O filme mostra como, em outubro de 1991, uma combinação singular de três eventos meteorológicos de grandes proporções causou a tempestade mais intensa já registrada até então. Um furacão vindo do Caribe convergiu com duas frentes do Canadá e dos Grandes Lagos no oceano Atlântico. A tripulação de um pequeno barco de pesca de Gloucester, no Massachusetts, ficou à mercê dessa tempestade em alto-mar.

Vamos à analogia. Entre 1998 e 1999, o Equador encarou uma combinação de efeitos nunca vista antes naquele século:

- A destruição causada pelas inundações associadas ao El Niño no litoral (as maiores em 500 anos);
- Os preços mais baixos já registrados para o petróleo (que correspondia a cerca de metade das exportações equatorianas e da receita do governo);
- A crise econômica asiática (a primeira em escala global).

Esses fatores se somaram a um deficit fiscal de 7% do PIB; aos estertores finais de um sistema financeiro em colapso e a um setor privado deteriorado e estagnado. A inflação chegou a 48% e a dívida pública era superior a 70% do PIB — os maiores índices da América Latina.

Consequentemente, os credores internacionais — céticos quanto à capacidade do Equador de quitar suas dívidas — estavam exigindo o pagamento integral dos empréstimos no vencimento e fechando as linhas de crédito.

O colapso econômico era uma emergência. Minhas prioridades no curto prazo eram reduzir o deficit fiscal e, consequentemente, diminuir a inflação; reconstruir a costa banhada pelo oceano Pacífico, que fora devastada pelas inundações; e restaurar a credibilidade do país por meio de um programa de financiamento do Fundo Monetário Internacional que viabilizaria meus programas sociais, principalmente nas áreas de saúde e educação.

No entanto, após uma mudança inesperada no cenário internacional, tive que reformular minhas prioridades para evitar uma guerra com o Peru. Essa situação passou a ser a minha responsabilidade moral, ética e econômica mais importante. Uma guerra agravaria um caso que já era crítico e produziria um cenário ainda mais terrível. Como o Equador travaria um conflito como aquele com uma economia em frangalhos? Eu tinha que celebrar um acordo de paz definitivo com o Peru para reduzir o orçamento militar, investir nossos escassos recursos em infraestrutura social e direcionar nossas energias para o crescimento e o desenvolvimento do país.

A SITUAÇÃO ATUAL

A longa, complexa e triste história de conflitos com o Peru era uma ferida aberta para os equatorianos. Eles se sentiam aviltados, pois haviam perdido seus territórios legítimos para um vizinho poderoso, que contava com o apoio da comunidade internacional.

Este era o cenário quando tomei posse:

- *"O conflito armado mais antigo do Hemisfério Ocidental."* Era assim que o Departamento de Estado dos Estados Unidos definia a disputa de fronteira entre Equador e Peru. As origens do conflito remontam à descoberta do rio Amazonas pelo conquistador espanhol Francisco de Orellana, em 1542 ou, antes disso, à guerra pré-colonial de 1532 pelo controle do Império Inca entre o *quiteño* Atahualpa (nascido no atual Equador) e o *cusqueño* Huáscar (nascido no atual Peru).

- *A maior disputa territorial da América Latina.* O território historicamente reivindicado pelo Equador e pelo Peru era maior do que a França. Tratava-se da maior disputa territorial da América Latina e uma das maiores do mundo.
- *Várias tentativas de resolver o conflito falharam.* Desde o início do século XIX, muitas tentativas em encontrar uma solução para o impasse tinham fracassado. Os dois países já haviam recorrido à guerra, ao diálogo, à intervenção de terceiros, à mediação e à arbitragem de personagens ilustres como o rei da Espanha e o presidente norte-americano Franklin Roosevelt. Nenhuma dessas medidas trouxe resultados positivos.

O último período do conflito começou em 1942. Depois de uma guerra entre Equador e Peru em meados de 1941, e após o ataque japonês a Pearl Harbor em dezembro do mesmo ano, os Estados Unidos pressionaram os dois países a colocarem um ponto final na contenda. Em 1942, eles assinaram o tratado conhecido como Protocolo de Paz, Amizade e Limites no Rio de Janeiro. Também chamado de Protocolo do Rio, o documento foi subscrito pela Argentina, Brasil, Chile e Estados Unidos.

O Protocolo do Rio estabeleceu que parte da fronteira entre o Equador e o Peru passaria por uma área de confluência dos rios Santiago e Zamora (uma zona de altitude elevada). No entanto, entre esses dois rios não havia uma bacia hidrográfica, mas um terceiro rio, o Cenepa. Como resultado, em meio a uma área de fronteira com 1,5 mil quilômetros de extensão, restou como "ferida aberta" uma faixa de 78 quilômetros.

Ocorreram conflitos armados em 1981 e em 1995, mas a questão não foi resolvida. Pelo contrário, a amargura e a desconfiança mútua só aumentaram. O impasse era ilustrado pelo posto avançado de Tiwintza, uma pequena área onde soldados dos dois países foram mortos e enterrados, e que se tornou um símbolo de heroísmo para as duas nações.

A partir de 1995, o processo de negociação trouxe avanços importantes, como propostas de parcerias em projetos, segurança, comércio e direitos de navegação em alguns dos afluentes do rio Amazonas. Porém, esses itens dependiam de um acordo definitivo sobre a questão de Tiwintza.

Em um esforço drástico para superar a estagnação do processo, o Equador e o Peru solicitaram um parecer não vinculante, mas moralmente importante a um comitê especial, a Comissão Internacional Técnica de Justiça, formada por representantes da Argentina, do Brasil e dos Estados Unidos. O parecer foi publicado poucas semanas antes da eleição presidencial e apontava que Tiwintza integrava o território soberano do Peru. Essa visão era contrária ao contexto da época, pois as tropas equatorianas já ocupavam a área havia décadas, o que acirrou ainda mais a hostilidade entre os dois países.

Quando tomei posse, as tropas do Equador e do Peru estavam alocadas na zona desmilitarizada estabelecida previamente. Em alguns pontos, os militares ficavam tão próximos que podiam apertar as mãos e trocar *Buenos días* antes mesmo de apontar os fuzis. Fui informado pelo comando militar equatoriano sobre a probabilidade de uma invasão peruana poucas horas depois da minha posse. O Peru possivelmente não deflagraria uma disputa localizada, mas um conflito armado generalizado. A magnitude desse risco foi percebida apenas pelos setores mais informados da sociedade. Os demais segmentos do país estavam absortos na luta pela sobrevivência em meio à crise econômica e temporariamente distraídos pela posse do novo presidente.

O DESAFIO: A ALTERNATIVA MAIS IMPROVÁVEL

Na presidência, para firmar a paz com o Peru, seria necessário:

- *Convicção.* O povo tinha que acreditar na *possibilidade* de solução do conflito. É quase impossível desarticular um mito. A complexidade do problema com o Peru estava arraigada na consciência coletiva dos equatorianos.
- *Participação cívica.* Estabelecer a paz entre o Equador e o Peru devia ser um "projeto do povo", não uma ação do governo. Era preciso estimular a participação popular por meio de uma organização ou grupo legitimamente constituído.

- *Confiança.* Embora o país estivesse fragmentado, era preciso obter a cooperação de todos os setores da sociedade e estabelecer uma confiança mútua entre eles.
- *Apoio político.* Era necessário criar uma fórmula para a paz que fosse aceitável para os dois países e para os diversos setores de cada um deles.
- *Estabilidade econômica.* Era preciso criar estabilidade econômica em um país prestes a entrar em uma guerra. Em uma situação tão caótica quanto essa, como o governo poderia propor ajustes econômicos indispensáveis, mas impopulares, que colocariam em risco a unidade nacional e a governabilidade do Equador?
- *Um plano de ação objetivo, coerente e abrangente.* Era necessário elaborar um plano não só militar, mas também econômico, político e internacional.

PREPARAÇÃO PARA A PAZ

Como o objetivo deste capítulo é mostrar a aplicação prática dos principais interesses, descreverei a estratégia de negociação empregada no conflito e algumas das minhas interações com o presidente Alberto Fujimori, meu colega peruano, sem abordar a complexa situação econômica do Equador.

Para obter a paz, eu precisava de uma equipe talentosa no governo. O dr. Jose Ayala, famoso por ser o mais respeitado diplomata equatoriano, já fora ministro das relações exteriores e tinha experiência nesse tipo de negociação. Pedi que ele permanecesse no cargo. O general José Gallardo havia sido ministro da defesa durante o último conflito, em 1995, que resultara em uma vitória militar equatoriana. Eu o nomeei para o mesmo ministério. Resumindo, formei um governo com o chanceler da paz e o general da guerra, pois queria transmitir uma mensagem clara: embora o Equador quisesse expressamente uma solução pacífica para o conflito, o país estava preparado para se defender até as últimas consequências, se necessário.

Pelo chanceler Ayala, fiquei sabendo que quase todas as questões controversas já haviam sido resolvidas pelas duas delegações diplomáticas. Só faltava lidar com a disputa territorial em torno de Tiwintza, que apenas os presidentes podiam decidir. Era necessário realizar a etapa final do nível mais elevado do processo diplomático — algo que a imprensa chamava de "Diplomacia Presidencial".

Liguei para o professor Roger Fisher na Harvard Law School e o convidei para viajar até Quito a fim de analisar a situação, propor abordagens e elaborar uma estratégia de negociação junto com a equipe do governo equatoriano.

Logo que Roger chegou a Quito, começamos a trabalhar em várias linhas de ação. Junto com os ministros da defesa e das relações exteriores, analisamos minuciosamente os fatos militares e diplomáticos disponíveis no momento. Para que todos ficassem alinhados, Roger promoveu uma pequena palestra sobre os já clássicos Sete Elementos da Negociação e suas respectivas técnicas de aplicação para alguns membros do governo e da equipe de negociação.

Devido ao clima tenso, era improvável que houvesse uma reunião entre os dois presidentes. Mas, diante da possibilidade de um encontro com o presidente Fujimori, Roger e eu analisamos formas de estabelecer uma relação profissional mais próxima.

Os primeiros dois ou três dias em um novo emprego costumam ser agitados, e a presidência não é exceção. Nossas reuniões eram geralmente interrompidas por eventos urgentes. Realizamos algumas sessões em horários e locais inusitados. Lembro de receber Roger no gabinete entre dois compromissos e, novamente, na sala de jantar do palácio presidencial depois das 23h da noite.

ELEMENTOS FUNDAMENTAIS PARA A CRIAÇÃO DE UMA LIGAÇÃO EMOCIONAL

Em um processo de negociação, o relacionamento entre os negociadores é tão importante quanto a essência da questão. Minha primeira decisão estratégica foi consolidar a relação profissional já estabelecida entre as duas equipes nacionais. Minha missão exclusiva e crucial era criar uma ligação pessoal com o presidente Fujimori, a quem eu não conhecia. Definir um modo de abordar essa tarefa era um desafio.

No meu terceiro dia no cargo, recebi um telefonema inesperado do presidente brasileiro Fernando Henrique Cardoso. Ele me convidou para uma reunião com o presidente Fujimori em Assunção, no Paraguai, onde, dali a 36 horas, todos estaríamos presentes para a posse do presidente Cubas.

Dois fatos ficaram claros. Esse primeiro encontro era essencial para mim, mas eu ainda não estava preparado para lidar com a essência do problema. Como transmitir seriedade ao presidente Fujimori sem lhe dar a impressão de que eu estava apenas enrolando para ganhar tempo?

Apreço: Demonstre sua Compreensão Diante dos Méritos e Dificuldades da Outra Pessoa

Nossa equipe optou por destacar ao presidente Fujimori o quanto eu apreciava seus anos de experiência com a questão da fronteira e o conhecimento que ele havia obtido nesse contexto. Qualquer observador imparcial acharia essa avaliação da situação claramente sincera. Eu esperava que esse reconhecimento inicial viabilizasse uma base emocional comum para conversas futuras. Minha preparação com Roger começou da seguinte forma:

ROGER: Qual é o propósito da sua primeira reunião com o presidente Fujimori?

JAMIL: Identifico dois propósitos. Quero conhecê-lo e ouvir sua opinião sobre a situação. Além disso, quero que ele se comprometa a dialogar até o último momento antes de declarar guerra. Para isso, primeiro gostaria de ouvi-lo para só depois fazer perguntas.

ROGER: São excelentes objetivos. Mas, se você fizer muitas perguntas, ele pode achar que está sendo interrogado pelo FBI e provavelmente não falará nada. Uma abordagem mais acessível e, talvez, mais inteligente consiste em se aproximar do presidente Fujimori. Seja franco. Comece colocando algumas das suas cartas na mesa.

Foi exatamente o que eu fiz. Usando histórias, exemplos históricos e anedotas, expliquei ao presidente Fujimori minha perspectiva sobre a difícil situação dele. Além disso, pedi que ele compreendesse o cenário extremamente complexo em que eu estava. Sua resposta foi positiva, mas cautelosa. Com uma voz suave e tranquila, ele disse: “Meus três objetivos ao assumir a presidência eram eliminar a hiperinflação, desbaratar os guerrilheiros do Sendero Luminoso e resolver a questão da fronteira com o Equador. Já concretizei os dois primeiros. O terceiro também deve ser realizado.”

Aproveitei essa oportunidade para expressar minha admiração sincera pelo seu empenho nas duas questões já resolvidas, pelas quais ele obteve um reconhecimento unânime, e adotar uma postura paciente em relação à terceira.

Associação: Identifique Pontos em Comum

Era importante mudar a percepção generalizada em torno do péssimo relacionamento entre os dois países. Esse encargo coube ao presidente Fujimori e a mim, bem como aos nossos funcionários e agentes, à mídia e ao público em geral. Durante anos, os países haviam se tratado como inimigos.

O presidente Fujimori e eu estabelecemos como objetivo mostrar aos dois povos que estávamos trabalhando juntos, lado a lado, para solucionar aquela disputa de fronteira que já se arrastava havia séculos.

Como "uma imagem vale mais que mil palavras", Roger sugeriu uma foto dos dois presidentes, e eu disse que isso seria fácil. A imprensa estaria no local antes e depois da nossa reunião. Mas, em vez de uma imagem com um aperto de mãos ou uma pose em pé, Roger queria que ficássemos sentados, um ao lado do outro, segurando uma caneta ou lápis e observando um mapa ou bloco de papel que indicasse uma versão preliminar da proposta. Não deveríamos olhar para a câmera nem para o outro, mas passar a impressão de que estávamos trabalhando. Essa foto convenceria a imprensa e o público de que as coisas começavam a mudar para melhor, destacando como os presidentes estavam colaborando para solucionar a questão da fronteira.

Quando voltei do Paraguai, mostrei para Roger a primeira página de um jornal estampando os dois presidentes. A fotografia aparece mais adiante neste capítulo.

Eu disse a Roger que estava a par do objetivo da fotografia de influenciar a opinião pública, mas me surpreendi com a influência da imagem sobre mim e o presidente Fujimori. Ao observá-la, ele disse que agora os dois povos esperavam de nós uma solução para a questão da fronteira. Tínhamos assumido publicamente essa responsabilidade perante as duas nações.

Status: "Devo Reconhecer a Experiência Dele"

O presidente Fujimori e eu nos reunimos pela primeira vez em Assunção, em uma suíte gentilmente cedida pelo presidente argentino Carlos Menem como um território neutro. Naquela época, o presidente Fujimori já estava no cargo havia oito anos, e eu era presidente do Equador havia quatro dias.

EDICION PRIMERA

EL UNIVE

ago de Guayaquil, Ecuador ■ AÑO 77 ■ Nº 334

EL MAYOR DIARIO NACIONAL

Associated Press

ASUNCION, Paraguay.— Los presidentes de Ecuador, Jamil Mahuad, y de Perú, Alberto Fujimori, dialogaron ayer en un hotel de esta capital sobre o processo de paz, y ratificaron su voluntad de conitnuar las negociaciones para llegar a la fit, de un acuerdo definitivo; Sin embargo, no precisaron la fecha en que las comisiones de ambos países se reunírán.

Mahuad y Fujimori ratificaron esfuerzos para la paz

Se reanudarán los diálogos

A fotografia na primeira página de um jornal do Equador ajuda a entender o clima político de 1998, mostrando os presidentes Mahuad (Equador) e Fujimori (Peru) sentados lado a lado para resolver o conflito. — *Cortersia da AP/Wide World Photos*

"A primeira impressão é a que fica", lembrei. "Minha posição não sairá prejudicada se eu destacar o óbvio. Na verdade, passarei a imagem de uma pessoa objetiva e aberta", pensei. "Devo reconhecer a experiência dele, um aspecto subjetivo incontestável, e não aceitarei nenhuma proposta substancial sobre pontos delicados e controversos."

Eu disse: "Presidente Fujimori, você está no cargo há oito anos e eu há quatro dias. Você já negociou com quatro antecessores meus. Nossa colaboração deve se beneficiar da sua grande experiência." Perguntei: "O que você propõe para lidar com essa disputa de fronteira de uma forma que atenda aos interesses do Peru e do Equador?"

Reconheci sua experiência por meio de cortesias, que foram retribuídas por ele. Por exemplo, sempre fiz questão que ele, por ser o presidente mais experiente, fosse o primeiro a entrar nos locais. Assim, eu expressava reconhecimento e respeito pela experiência do presidente Fujimori, seu status específico. Além disso, esse gesto também destacava meu status específico como presidente e especialista na realidade equatoriana.

Reconhecer as áreas de status elevado do presidente Fujimori não era o mesmo que concordar com ele ou com sua posição. Na verdade, junto com a expressão de apreço, essa admiração aberta pelo status dele permitiu que eu manifestasse opiniões expressamente divergentes sem nenhum risco para o nosso relacionamento.

Autonomia: Não Dê Ordens para Ninguém

Autonomia é um dos principais interesses humanos e tem um grande peso para agentes políticos que ocupam posições de autoridade. Durante muitos anos, o Equador e o Peru se recusaram a negociar, pois não queriam passar a impressão de que estavam "cedendo" diante da pressão do outro país. Nenhum político gosta de ser visto como um fantoche, especialmente quando está envolvido em um conflito que se arrasta há séculos.

É arriscado quando um presidente faz algo que incita a desconfiança entre os cidadãos ou coloca o país em uma posição difícil.

Em todas as reuniões, tive o máximo de cuidado em respeitar a autonomia dele e estabelecer a minha. Teria sido um erro fatal *dar ordens* ao presidente Fujimori. Em vez disso, *pedi suas opiniões e intuições* sobre como poderíamos resolver essa disputa de fronteira tão longa e cara.

Meu respeito por ele não indicava que eu estava concordando com ele ou suas exigências. "Não posso pedir que o Congresso e o povo cedam a nenhuma exigência do Peru. Não farei isso. Se eu fizesse, não conseguiria a aprovação nem do Congresso nem de nenhum equatoriano. Estamos em um beco sem saída. Quais são suas alternativas para avançar na direção de um acordo de paz?"

Pedi ao presidente Fujimori para apreciar o fato de que o presidente, o congresso e o povo equatoriano nunca aceitariam as reivindicações peruanas. Isso acabaria com nossa autonomia.

Papel: A Palavra "Nós" Abrange os Dois Lados

Os negociadores desempenham vários papéis simultâneos e, às vezes, contraditórios, combinados e complementares. Para resolver aquela longa disputa de fronteira, os dois presidentes assumiriam tarefas cruciais: teriam que convencer os cidadãos a aceitarem o acordo firmado. Eu percebia que meu papel envolvia a condução de duas negociações simultâneas. A primeira era a negociação com o presidente Fujimori. A segunda podia não ser tão óbvia, mas era igualmente importante: tratava-se da minha negociação com o povo do Equador, bem como com suas instituições e organizações.

Reconheci que o presidente Fujimori também teria que exercer esses dois papéis e as mesmas tarefas. Por isso, propus que não atacássemos nossa legitimidade como representantes eleitos pelo povo. Por exemplo, seria contraproducente afirmar que um tratado beneficiava o Equador porque prejudicava o Peru — e vice-versa.

Pelo contrário, para mim, o papel dos presidentes consistia em demonstrar que o acordo era bom para os dois países, bom para a região, bom para o comércio, bom para o desenvolvimento econômico e bom para a erradicação da pobreza. Precisávamos de uma proposta que agradasse gregos e troianos, mas essa busca era estressante e repleta de significado pessoal.

Em relações internacionais, conseguir uma concessão do outro lado muitas vezes é o principal objetivo. A imprensa pergunta o tempo todo: "Quem recuou? Quem cedeu? Vocês chegaram a um acordo? Não? Então, quer dizer que a negociação não deu em nada?" Todos querem nos ver no papel do herói vitorioso que derrota o perverso inimigo. Mas a palavra "nós" abrange os dois lados. Naquela negociação, o recurso mais eficiente seria um compromisso emocional que viabilizasse a colaboração na implementação do acordo de paz depois da sua assinatura. Essa cooperação não indicava que estávamos abrindo mão da nossa liberdade e autonomia.

Na verdade, transformamos um problema em uma oportunidade. Para isso, reformulamos nossos papéis: trocamos a função de oponentes pela de colegas, e passamos de negociantes atuando em posições relativas em um jogo de soma zero com fins meramente distributivos para solucionadores de problemas e colaboradores que criam novas opções para otimizar os resultados e aumentar o número de opções viáveis.

O Kit dos Principais Interesses

Em alguns momentos, a situação exigiu uma combinação entre diversos principais interesses e a consolidação deles em diferentes níveis. Convém citar um caso especialmente desafiador. O parecer não vinculante dos especialistas internacionais reforçou as pretensões peruanas pelo território de Tiwintza. No entanto, nenhum presidente equatoriano poderia ter feito essa concessão devido ao risco de perder sua legitimidade, o apreço do povo e a associação em relação aos cidadãos, deteriorando o status presidencial e negligenciando seu papel. Por isso, eu queria reconhecer a força e os méritos das alegações peruanas, mas, ao mesmo tempo, receber o devido apreço pela situação equatoriana, pela minha autonomia e pelo meu papel.

A forma como eu percebia os principais interesses me orientou por esse terreno complexo. Eu disse: "Presidente Fujimori, o Peru tem fortes argumentos para reivindicar a área em questão. Diante do parecer da comissão, talvez essa argumentação seja mais sólida que a do Equador. (Aqui, demonstrei *apreço* pela perspectiva peruana.) Se eu fosse presidente do Peru, só me ocuparia de exigir cada metro quadrado daquela terra. (Expressei *apreço* pelo mérito da perspectiva peruana.)

"No entanto, como presidente do Equador, não posso conceder ao Peru um território que todos os presidentes e parlamentos desde o nascimento da nação reconheceram como parte integrante do país. (Pedi que ele também *apreciasse* minha situação e compreendesse minhas dificuldades.) Temos direitos morais e estabelecidos em lei sobre a área em questão e não abriremos mão dela por causa de um parecer técnico não vinculante. Cem pareceres como esse não anulariam nosso sentimento de propriedade sobre esses territórios, consolidado em séculos de posse. (Destaquei a *autonomia* do país.) Portanto, qualquer presidente do Equador repetiria esses mesmos argumentos e gestos. (Tentei criar uma *associação* com ele.) Agora, em nosso papel de presidentes, podemos encarar essa nova missão: definir uma solução aceitável para os povos dos dois países." (Procurei uma base comum de *associação* fundada em honestidade e justiça.)

Notavelmente, esse diálogo resultou no compromisso de aplicar uma abordagem conjunta à resolução do problema. As etapas iniciais (predominantemente racionais, bem elaboradas e baseadas em objetivos) foram viabilizadas pela ligação que estabelecemos rapidamente entre nós e entre nossas delegações. A paz foi definida como um norte, uma poderosa força magnética que concentrou boa parte do nosso tempo e da nossa energia durante os meus primeiros setenta e sete dias no cargo.

O ACORDO

O povo do Equador foi informado durante todo o processo de negociação. Como os avanços foram evidentes, um círculo virtuoso logo substituiu o vicioso anterior. A negociação caiu no gosto popular e passou a integrar os objetivos nacionais, aumentando a participação. Todos queriam fazer parte do processo e expressar suas opiniões. Os objetivos comuns reforçaram a confiança. Os atores políticos começaram a apoiar a causa, pois compreenderam que os benefícios superavam os riscos associados à representação da sociedade mobilizada pela paz. A convicção em torno da possibilidade de uma solução negociada substituiu o pessimismo histórico. O apoio massivo de todos os setores da sociedade impulsionou o plano de ação inicial do governo. Embora o processo de paz não tenha estabilizado a economia, a ameaça de guerra deixou de agravar a situação econômica.

No dia 26 de outubro de 1998, em Brasília, dez semanas depois do nosso primeiro encontro, o presidente Fujimori e eu assinamos um tratado de paz definitivo e abrangente, que depois foi ratificado pelos congressos dos dois países. O documento criou um parque de conservação internacional na área de fronteira em questão, onde não seriam realizadas atividades econômicas ou militares, exceto se autorizadas pelos dois governos.

O território de Tiwintza exigia um regime especial. Os dois presidentes se comprometeram a aceitar uma recomendação dos representantes dos quatro países que estavam colaborando com a negociação. Os congressos dos dois países votaram para validar as decisões desses árbitros.

Foi elaborado um acordo criativo para a questão de Tiwintza. Os árbitros diferenciaram os direitos de soberania e os direitos de propriedade sobre a área. Portanto, o terreno agora faz parte do território soberano do Peru. *Mas* uma área de um quilômetro quadrado em torno de Tiwintza, dentro do Peru e próxima do Equador, agora é propriedade privada do governo equatoriano em caráter perpétuo (seguindo a mesma lógica que permite ao Equador possuir terrenos em Lima, no Peru). Nenhum dos países teve que "abrir mão" de Tiwintza. O governo do Peru pode afirmar que a área integra seu território soberano, e o governo do Equador pode dizer: "Sempre seremos donos de Tiwintza."

UMA CONSIDERAÇÃO FINAL

Roger e Dan têm razão quando dizem que os negociadores costumam achar que a melhor forma de negociar é adotar uma postura essencialmente racional. De fato, emoções fortes e hostis podem facilmente se agravar e causar problemas. Mas, como constatei na minha experiência, as emoções também podem ser úteis, e isso é mais importante. Antes das negociações, eu estava pronto para tomar a iniciativa e abordar os principais interesses — apreço, associação, autonomia, status e papel. Assim, o presidente Fujimori e eu conseguimos estabelecer uma ótima ligação, criar um relacionamento profissional consistente e firmar um acordo estável.

As negociações de 1998 entre Equador e Peru foram um tremendo sucesso. A fronteira foi definida de uma vez por todas. Nenhum incidente militar foi registrado na área desde então. O comércio e a cooperação entre as duas nações atingiram marcas históricas, e a paz vem sendo elogiada, valorizada e celebrada pelos governos e cidadãos dos dois lados da fronteira.

Minha principal meta ao estabelecer a paz entre o Equador e o Peru era proporcionar aos dois países os benefícios exclusivos da estabilidade nas suas relações. Além disso, a paz com o Peru permitiu que o Equador reduzisse seus gastos militares. Esses recursos agora podiam ser alocados a programas de erradicação da pobreza. Essa foi a política do meu governo depois da assinatura do tratado em 1998.

Em janeiro de 2000, fui afastado da presidência por um golpe apoiado pelas forças armadas, cuja explicação é complexa demais para abordar aqui. Muitos presidentes latino-americanos já tiveram o mesmo destino.

Esse é o aspecto oficial da história. No plano pessoal, Alberto Fujimori e eu desenvolvemos gradualmente uma amizade que foi além dos nossos deveres funcionais.

Em março de 2004, tomando um café no Royal Park Hotel, em Tóquio, analisamos as lições que havíamos aprendido. Alberto disse: "A paz está consolidada. Todos respeitam essa conquista." Antes, poucos acreditavam na possibilidade da paz. Agora ela era celebrada por todos.

Alberto e eu recordamos uma conversa que havíamos tido no Brasil durante esse processo. Depois de uma coletiva de imprensa, eu lhe disse: "As coisas estão mudando. A situação antes era bastante clara: os jornalistas equatorianos ficavam em um lado, e os jornalistas peruanos em outro. Agora eles estão juntos. Esse é um bom sinal."

Alberto disse: "Ontem, ao ler um artigo de um jornal de Lima, concluí que você e eu estávamos no lado da paz, encarando a oposição nos dois países". Assenti.

Desde o início do processo, colaboramos para atender aos principais interesses relacionados à associação, apreço e autonomia. Nossos status foram respeitados. Nossos papéis foram gratificantes. Criamos um clima propício para avançar nas questões substantivas da negociação. Como quase sempre ocorre, o processo e o conteúdo foram igualmente importantes.

IV

Conclusão

Conclusão

Sentimos emoções o tempo todo. No entanto, durante a negociação, ficamos com a cabeça tão cheia que acabamos lhes dando pouca ou nenhuma atenção. Nossos pensamentos nos sobrecarregam, e nossas emoções ficam sem nenhuma supervisão.

A maioria dos negociadores trata as emoções como um obstáculo ao raciocínio objetivo. Por isso, não percebem a oportunidade proporcionada pelas emoções positivas. Embora a Declaração de Independência destaque a importância da "busca da felicidade", há bem pouco consenso em torno desse princípio.

Em caso de divergências, como nossa interação pode estimular emoções positivas em todos os envolvidos? Nesse contexto, nosso livro propõe duas ações importantes:

Primeiro, tome a iniciativa. Se você discorda de alguém, não espere até as emoções surgirem para reagir.

Segundo, trabalhe com o interesse, não com a emoção. Em vez de determinar todas as emoções e suas possíveis causas, priorize cinco interesses universais que podem despertar boas emoções nas outras pessoas e em si mesmo. Os principais interesses são:

1. **Apreço.** Ficamos tristes quando não recebemos apreço. Podemos apreciar as outras pessoas ao demonstrar que *compreendemos* seu ponto de vista; ao *identificar o mérito* nos seus pensamentos, sentimentos e ações e ao *comunicar nossa compreensão* por meio de palavras e ações. Também podemos expressar apreço por nós mesmos.
2. **Associação.** Para que nenhum dos negociadores se sinta isolado, podemos construir conexões estruturais como colegas e conexões pessoais como companheiros.

3. **Autonomia.** Reconheça que todos querem liberdade para influenciar e tomar um grande número de decisões. É possível ampliar nossa autonomia sem restringir a dos outros.

4. **Status.** Ninguém gosta de se sentir diminuído. Em vez de competir pelo status social mais elevado, podemos reconhecer as áreas de status específico de cada indivíduo, incluindo as nossas.

5. **Papel.** Costumamos nos sentir supérfluos e alienados quando exercemos um papel insatisfatório. No entanto, podemos escolher papéis mais propícios à colaboração e ampliar suas respectivas atividades para deixá-las gratificantes.

As ideias explicadas neste livro não agem por conta própria. Elas devem ser compreendidas e colocadas em prática por um ser humano. Suas ações têm que atender aos seus principais interesses e aos das outras pessoas. Expresse apreço. Construa um senso de associação. Respeite a autonomia e o status dos indivíduos. Adapte os papéis para deixá-los mais gratificantes.

Estamos certos de que a aplicação inteligente dos principais interesses melhorará a qualidade dos seus relacionamentos profissionais e pessoais. Você poderá converter uma interação estressante em uma negociação baseada no diálogo bilateral, no qual todos escutam, aprendem e respeitam uns aos outros. Assim, seus resultados serão melhores. E, em vez de gerar ressentimento, o processo disseminará esperança.

V

O Último Tópico

Os Sete Elementos da Negociação

Em seus diagnósticos, os médicos identificam a origem dos sintomas nas principais áreas do corpo do paciente. A causa está no sistema digestivo, no sistema circulatório, no sistema respiratório, no sistema nervoso ou no sistema ósseo? Da mesma forma, em seu diagnóstico dos erros mais comuns nas negociações, o Harvard Negotiation Project identificou os sete elementos que formam a anatomia básica da negociação. No quadro a seguir, esses elementos aparecem em negrito na coluna da esquerda. Além disso, há sugestões de perguntas para o diagnóstico na coluna do meio e algumas recomendações na coluna da direita.

Esses sete elementos compõem a estrutura de todas as negociações, incluindo a "negociação baseada em interesses", o método descrito em *Como chegar ao sim: Como negociar acordos sem fazer concessões*, escrito por Roger Fisher, William Ury e Bruce Patton (Nova York: Penguin, 1991). O quadro a seguir não é tão rico em conteúdo quanto em *Como chegar ao sim*, mas esperamos que ele dê uma ideia do livro aos leitores e inspire aqueles que ainda não o leram a encontrar tempo para isso.

OS SETE ELEMENTOS:
A ANATOMIA DA NEGOCIAÇÃO

Elemento	Perguntas de Diagnóstico	Recomendações
Relacionamento	Como os negociadores percebem uns aos outros?	Construa uma ligação e um bom relacionamento profissional com os demais negociadores. Colabore.
Comunicação	A comunicação é ineficiente, dissimulada, unilateral? Os negociadores estão dando ordens uns aos outros?	Estabeleça uma comunicação bidirecional e acessível. Informe, escute, seja confiável. Não faça promessas confusas.
Interesses	Os negociadores estão fazendo exigências e afirmando suas posições enquanto mantêm seus interesses reais em segredo?	Respeite os interesses das outras pessoas. Analise e informe seus interesses. (Você não precisa revelar o *valor* que atribui aos seus objetivos.)
Opções	A negociação parece um jogo de soma zero em que cada lado precisa escolher entre ganhar ou perder?	Sem assumir compromissos, promova debates criativos para definir formas de atender aos interesses legítimos de todos os envolvidos.
Legitimidade	Ninguém liga para a justiça no processo? Os negociadores estão barganhando com base no que estão dispostos ou não a fazer?	Pesquise e aplique padrões externos de equidade que sejam persuasivos para todos os envolvidos.

Elemento	Perguntas de Diagnóstico	Recomendações
MAAN (Melhor Alternativa a um Acordo Negociado)	Os negociadores estão trocando ameaças sem saber o que farão se não chegarem a nenhum acordo?	Analise sua alternativa de evasão e a dos outros negociadores. Admita que qualquer acordo é melhor para todos do que sair da negociação de mãos abanando.
Compromissos	Os negociadores exigiram compromissos inviáveis uns dos outros? Nenhum deles elaborou versões preliminares dos compromissos que estava disposto a assumir?	Formule compromissos justos e realistas para cada lado.

Glossário

"Quando uso uma palavra", Humpty Dumpty disse, em um tom um tanto quanto desdenhoso, "ela significa exatamente o que eu quero que ela signifique — nem mais nem menos".

"A questão é", Alice disse, "se você pode tirar tantos significados das palavras assim".

"A questão é", Humpty Dumpty disse, "tirar o mais importante — só isso".

—ALICE ATRAVÉS DO ESPELHO,
LEWIS CARROLL

Existem literalmente centenas de definições para palavras como emoção sugeridas por estudiosos. O pequeno glossário a seguir estabelece o significado dos principais termos citados neste livro. Ele contém seções — uma para as emoções, outra para os principais interesses.

I. O QUE SÃO EMOÇÕES?

Emoção. Uma experiência vivenciada diante de fatos pessoalmente relevantes e, em geral, associada a uma sensação, pensamento, dinâmica fisiológica ou impulso.

Em geral, podemos escolher uma reação emocional entre várias opções; por exemplo, um dia chuvoso pode ser encarado como uma ocasião deprimente ou como uma boa oportunidade para ler um romance.

Emoções positivas. Emoções boas e, em geral, decorrentes da concretização de um interesse, como entusiasmo, esperança e alegria. As emoções positivas costumam promover cooperação.

Emoções negativas. Emoções ruins e, em geral, decorrentes de um interesse não atendido, como raiva, medo e culpa. As emoções negativas costumam promover competição.

Sentimento. Neste livro, essa palavra tem dois significados:

- Uma *sensação física*, como a fome e a dor.
- Uma *convicção com alta carga emocional*, como as sensações despertadas pela inclusão e pelo apreço.

Há uma importante diferença entre um sentimento (no sentido de convicção com alta carga emocional) e uma emoção. Uma emoção é uma reação autêntica da pessoa que a vivencia e independe da percepção das outras pessoas. Portanto, uma emoção é algo que sentimos. A raiva, por exemplo, pode ser definida como uma emoção; dizer "estou irritado" equivale a dizer "estou com raiva". Por outro lado, um sentimento é autêntico para a pessoa que vivencia a emoção, mas pode não ser verdadeiro para as outras pessoas. A sensação de inclusão, por exemplo, não atende aos critérios de definição de uma emoção. Talvez um negociador que se sente incluído não esteja sendo efetivamente incluído pelos demais negociadores.

Essa diferença entre uma emoção e um sentimento tem implicações práticas para os negociadores. Em geral, por estar associado a diversas emoções, um sentimento contém mais informações emocionais do que uma emoção específica. Em vez de se perder em uma lista enorme de palavras que identificam emoções, o negociador pode recorrer a uma lista menor e mais acessível de sentimentos para determinar uma experiência emocional. A cada um dos principais interesses, corresponde um número limitado de sentimentos. Por exemplo, os sentimentos relacionados à associação vão da sensação de inclusão à sensação de exclusão.

Quando priorizamos os sentimentos no lugar das emoções, corremos o risco de obter uma compreensão menos precisa dos fatos. Por outro lado, é um grande desafio para o negociador dispor de tempo e atenção suficientes para identificar a imensa quantidade de emoções estimuladas continuamente durante a negociação.

II. O QUE SÃO OS PRINCIPAIS INTERESSES?

Principais Interesses: Necessidades humanas com relevância pessoal e que, em geral, ocorrem no âmbito de um relacionamento.

Esses interesses são os *principais* porque indicam como queremos ser tratados. Uma pequena ação pode causar um grande impacto emocional quando voltada para um dos principais interesses.

Há uma sobreposição, e não uma correspondência total, entre os conceitos de *principal interesse* e *necessidade*, segundo os teóricos da resolução de conflitos (como John Burton) e os psicólogos humanistas (como Abraham Maslow). Uma necessidade é algo que deve ser suprido para que possamos atingir o bem-estar fisiológico ou psicológico, como comida e água. Quer você negocie com um presidente ou com uma criança, você ainda precisa de comida, de água e de um senso de pertencimento — e se sentirá frustrado se alguma dessas necessidades não forem supridas. Um principal interesse pode ser definido como uma versão mais sutil de necessidade social. Ele geralmente ocorre no contexto de um relacionamento, e sua intensidade varia de acordo com as pessoas com quem interagimos. Um diplomata pode ficar praticamente indiferente caso seu filho diminua seu status e se ofender intensamente quando um presidente faz o mesmo.

Apreço: Essa palavra tem dois significados neste livro:

- Um *principal interesse* que consiste em reconhecer o valor de algo.
- Uma *ação* (no sentido de expressar apreço) que consiste em compreender o ponto de vista de uma pessoa; identificar o mérito nos seus pensamentos, sentimentos e ações; e comunicar essa compreensão.

Associação: A conexão estabelecida entre alguém e uma pessoa ou grupo; as conexões podem ser estruturais ou pessoais.

Autonomia: Liberdade para influenciar e tomar decisões sem se sujeitar ao poder de outras pessoas.

Status: A posição de uma pessoa em relação às outras pessoas; o *status social* é a posição de uma pessoa em uma hierarquia social, e o *status específico* é a posição dela em um determinado campo substantivo.

Papel: Uma *profissão* e as respectivas *atividades* que devem ser realizadas em uma situação específica.

Referências

Esta seção contém informações sobre as obras que nos ajudaram a compreender a dimensão emocional da negociação. A literatura sobre a ciência das emoções é vasta, e não pretendemos fazer uma lista exaustiva. Incluímos apenas as obras que mais influenciaram nosso raciocínio e as que são especificamente referenciadas no texto.[1]

Além da literatura sobre a ciência das emoções, há uma grande e crescente produção científica cobrindo a função das emoções na negociação. Como essas obras estão listadas em outros locais, a maior parte delas não foi incluída nesta seção. Há boas introduções aos estudos mais avançados em emoções e negociação, como *O Negociador* (Leigh Thompson, 3ª ed., Upper Saddle River, NJ: Pearson Prentice Hall, 2005) e *The Handbook of Dispute Resolution* (M.L. Moffitt e R.C. Bordone, eds., São Francisco: Jossey-Bass, 2005).

Há muitas formas de aproveitar esta seção. Você pode ler o conteúdo inteiro para aprender mais sobre as obras pertinentes à plataforma dos principais interesses, ou selecionar as referências que mais chamarem sua atenção para se inteirar mais sobre as emoções. Se você promove cursos de negociação, pode pesquisar os recursos indicados.

1 AS EMOÇÕES SÃO SEMPRE INTENSAS, PRESENTES E DIFÍCEIS DE CONTROLAR

O Que É Uma Emoção?

Os estudos sobre emoções são complexos. Uma boa introdução é o livro *The Nature of Emotion: Fundamental Questions* (Oxford: Oxford University Press, 1994), organizado por Paul Ekman e Richard Davidson.

Para simplificar nossas ideias e facilitar sua aplicação prática, não diferenciamos precisamente as emoções e os humores, embora haja diferenças. (Confira, por exemplo, o clássico da psicologia social de Fiske e Taylor, *Social Cognition*, 2ª ed., Nova York: McGraw-Hill, 1991.) Em comparação com os humores, as emoções geralmente têm uma duração menor e são mais intensas e complexas. Segundo os filósofos, as emoções também têm "intencionalidade" — elas são direcionadas para uma determinada pessoa ou objeto; já o objeto de um humor costuma ser mais difuso. Por exemplo, imagine que você acorda de mau humor em uma manhã de segunda-feira, e fica irritado com todos que cruzam seu caminho.

A frase citada para ilustrar como é difícil definir as emoções foi escrita por B. Fehr e J. Russell no artigo "Concept of Emotion Viewed from a Prototype Perspective", publicado em 1984 no Journal of Experimental Psychology: General, v. 113, p. 464–86.

As Emoções Podem Ser um Excelente Recurso

Em 1986, Alice Isen e Peter Carnevale conduziram um importante estudo mostrando a relação entre um humor positivo e as soluções criativas para os problemas nas negociações ("The Influence of Positive Affect and Visual Access on the Discovery of Integrative Solutions in Bilateral Negotiations", *Organizational Behavior and Human Decision Processes*, v. 37, 1986, p. 1–13). Uma análise dos experimentos que associam o afeto positivo à tomada de decisões está no excelente capítulo "Positive Affect and Decision Making", escrito por Isen e publicado no *Handbook of Emotions* (M. Lewis e J.M. Haviland-Jones, eds., 2ª ed., Nova York: Guilford Press, 2000, p. 417–35).

A "psicologia positiva", um novo ramo da área, articula como as emoções positivas favorecem os relacionamentos, a criatividade e as relações sociais. Para começar, confira a pesquisa de Barbara Fredrickson ("The Role of Positive Emotions in Positive Psychology: The Broaden-and-Build Theory of Positive Emotions," 2001, *American Psychologist*, 56, p. 218–26). Segundo a autora, emoções negativas, como o medo e a raiva, restringem nossa atenção e nos preparam para uma ação específica (como correr por medo e lutar com raiva), mas as emoções positivas fazem exatamente o contrário. Elas ampliam nosso repertório de ações e pensamentos e desenvolvem reservas que podem ser acessadas diante de ameaças e oportunidades. Com base no trabalho de Fredrickson, Martin Seligman, ex-presidente da American Psychological Association, sugere que as emoções negativas se desenvolveram para nos ajudar em situações do tipo ganhar ou perder e que as emoções positivas nos orientam rumo ao sucesso nas interações do tipo ganhar ou ganhar (confira o estudo de Martin E. P. Seligman, *Authentic Happiness*, Nova York: The Free Press, 2002).

As pesquisas de Fredrickson e Seligman estão alinhadas com as premissas que fundamentam nossa plataforma dos principais interesses. Acreditamos que as emoções positivas têm vários efeitos excelentes, como boas ligações, relações melhores, sinceridade, empatia e criatividade, que viabilizam acordos mais satisfatórios para todos os envolvidos.

Há muitas pesquisas sobre o poder da "inteligência emocional". Podemos citar o trabalho de P. Salovey e J. Mayer (como o artigo "Emotional Intelligence", publicado em 1990 em *Imagination, Cognition, and Personality*, 9, p. 185–211) e a obra de D. Goleman (*Inteligência Emocional*, Nova York: Bantam, 1995).

Para ilustrar o poder das emoções positivas, citamos a negociação de Carter com Begin e Sadat. Esse exemplo foi extraído do livro *Keeping Faith: Memoirs of A President*, escrito por Carter (Fayetteville, AK: The University of Arkansas Press, 1995, p. 298, 318, 350, 408 e 412). William Quandt descreve o relacionamento de Carter e Begin utilizando termos menos positivos ao citar momentos de desconfiança e irritação entre os dois (confira o livro dele *Camp David: Peacemaking and Politics*, Washington, DC: Brookings Institution, 1986, p. 184). Ele atribui grande parte do sucesso das negociações em Camp David à perseverança e ao otimismo de Carter, bem como ao seu bom relacionamento com Sadat, por quem o presidente tinha apreço e admiração (p. 258). Em *Keeping Faith*, Carter cita episódios de tensão em seu relacionamento com Begin. No entanto, esses obstáculos não o impediram de aproveitar as emoções para criar um ambiente e um relacionamento, na medida do possível, positivos.

Parar de Sentir Emoções? Impossível.

Daniel Shapiro sugere que ficamos em um "estado emocional perpétuo" durante as interações sociais ("A Negotiator's Guide to Emotion: Four Laws to Effective Practice", *Dispute Resolution Magazine*, v. 18, n. 6, setembro de 2001), uma afirmação comprovada por diversos estudos em psicologia social. Por exemplo, uma pesquisa inovadora de John Bargh mostrou que temos reações emocionais automáticas — muitas vezes sem nenhuma consciência disso (p. ex., J. A. Bargh e T. L. Chartrand [1999], "The Unbearable Automaticity of Being", *American Psychologist*, 54 [7], 462–79).

Apesar de destacarmos que é impossível parar de sentir emoções, há exceções. Por exemplo, indivíduos com determinados tipos de danos cerebrais não têm sentimentos, e essa condição prejudica a capacidade de tomar decisões. António Damásio descreve o caso de um paciente incapaz de sentir emoções, devido a danos cerebrais, que demorou meia hora para definir sua próxima consulta com ele, pois não tinha a intuição necessária para decidir. (Confira o excelente livro de António Damásio *O Erro de Descartes: Emoção, Razão e o Cérebro Humano*, Londres: Picador, 1995.)

Ignorar as Emoções? Não dá certo.

Muitas pesquisas apontam uma ligação clara entre emoções, pensamentos, mudanças fisiológicas e comportamento. Por exemplo, desenvolvido por Nico Frijda (*The Emotions*, Cambridge: Cambridge University Press, 1986), o conceito de "tendência à ação" indica um tipo de comportamento estimulado por uma emoção. O medo prepara o corpo e a mente para correr. A raiva nos prepara para lutar. Mesmo quando não atuamos segundo a tendência, nosso corpo e nossa mente ficam prontos para a ação. Portanto, querendo ou não, somos influenciados pelas emoções.

Evidentemente, ignorar uma emoção pode ser recomendável em certos casos, como ao receber um presente de aniversário de um colega de que não gostamos. Mas, mesmo quando as suprimimos, as emoções ainda tendem a impactar nossa dinâmica psicológica (p. ex., veja E. A. Butler e J. J. Gross, "Hiding Feelings in Social Contexts: Out of Sight Is Not Out of Mind", em P. Philippot e R. S. Feldman, eds., *The Regulation of Emotion*, Mahwah, NJ: Erlbaum, 2004, p. 101–26). As emoções mobilizam recursos mentais, influenciam o sistema cardiovascular de formas que, aparentemente, destoam da demanda metabólica e podem até causar o aumento da pressão arterial dos parceiros sociais (veja "Wise Emotion Regulation", de J. Gross e O. John, em Barrett e Salovey, eds., *Wisdom of Feelings*, Nova York: Guilford Press, 2002, p. 312–13).

Encarar as Emoções de Frente? É Complicado.

Alguns pesquisadores afirmam que existem dezenas de emoções, enquanto outros sugerem um número limitado de "emoções básicas". (Para saber mais sobre as emoções "básicas", veja o livro editado por Ekman e Davidson, citado anteriormente.)

Paul Ekman foi pioneiro no estudo das emoções básicas. Para ele, essas emoções têm raízes evolutivas e uma função adaptativa voltada para a sobrevivência. Ekman propõe uma lista de quinze emoções que atendem aos seus critérios de definição das emoções básicas ("Basic Emotions", em T. Dalgleish e T. Power, eds., *The Handbook of Cognition and Emotion*, Sussex, RU: John Wiley & Sons, 1999, p. 45–60). Ele destaca que o número real de emoções é muito maior, pois cada emoção básica corresponde a uma família de emoções.

Por isso, em *Além da Razão*, priorizamos os cinco principais interesses. Não é necessário analisar o grande número de emoções que outra pessoa está sentindo nem suas respectivas causas para despertar emoções positivas a partir dos principais interesses. Em vez de identificar dezenas de emoções, o negociador pode agir com base nos cinco principais interesses.

No entanto, um negociador com uma boa percepção emocional pode calibrar seu comportamento com maior eficiência. Por isso, a habilidade de interpretar expressões faciais e emocionais tem um grande valor (veja o livro de D. Goleman e o artigo de Salovey e Mayer, citados anteriormente), desde que o negociador não se sobrecarregue com essa tarefa a ponto de não conseguir focar as questões substantivas e relacionais em jogo.

Então, qual é a nossa opinião sobre o tópico das "emoções básicas"? Bem, acreditamos que pode haver um subconjunto de emoções básicas determinadas pelo processo evolutivo, mas existe um grande subconjunto de experiências emocionais com significado social e importância qualitativa. Por exemplo, a experiência e os efeitos da raiva são diferentes das sensações vivenciadas com o aborrecimento, a fúria e a humilhação. No Capítulo 1, há uma lista ilustrativa com cinquenta emoções, muitas delas extraídas da obra clássica de Richard Lazarus sobre o tema, *Emotion and Adaptation* (Oxford: Oxford University Press, 1991).

2 TRABALHE COM O INTERESSE, NÃO COM A EMOÇÃO

Cinco Principais Interesses Estimulam Muitas Emoções

Muitos anos atrás, Charles Horton Cooley criou a noção de "looking glass self" [eu refletido, em tradução livre], sugerindo que nossa autocompreensão — nossa identidade — se baseia na forma como percebemos a opinião dos outros sobre nós (*Human Nature and the Social Order*, Nova York: Charles Scribner's Sons, 1902). A plataforma dos principais interesses parte dessa premissa fundamental.

Na sua obra, Daniel Shapiro se refere aos principais interesses como "interesses de identidade relacional". Ele desenvolveu uma teoria baseada na relação entre as emoções e os interesses de identidade relacional. (Para mais informações, veja D. L. Shapiro, "Negotiating Emotions", *Conflict Resolution Quarterly*, 2002, 20 [1], p. 67–82. Também D. L. Shapiro, "Enemies, Allies and Emotions: The Role of Emotions in Negotiation," em M. Moffitt e R. Bordone, eds., *The Handbook of Dispute Resolution*, 2005).

Uma Lente Mais Precisa

Nossa plataforma dos principais interesses é compatível com várias teorias das emoções, como as obras de Lazarus e Ekman. Lazarus propõe a identificação dos "principais temas relacionais" (significados relacionais generalizados) nas interações (*Emotion and Adaptation*, Oxford: Oxford University Press, 1991, p. 121). Segundo ele, os principais temas relacionais são o "dano ou benefício central (ou principal) dos encontros adaptativos presentes em todos os tipos de emoção". Nessa abordagem teórica, os principais interesses são temas relacionais que surgem em muitas ou na maioria das interações; a avaliação do tratamento dispensado aos nossos principais interesses se manifesta como uma emoção.

Já Ekman sugere que temos "autoappraisers" [mecanismos automáticos de avaliação, em tradução livre] que monitoram a ocorrência de "temas e variações de eventos que foram relevantes para nossa sobrevivência" (*Emotions Revealed: Recognizing Faces and Feelings to Improve Communication and Emotional Life*, Nova York: Henry Holt, 2003, p. 29). Quando esses mecanismos encontram um tema ou variação relevante, as emoções são acionadas. Portanto, os autoappraisers podem ser "programados" para monitorar nossas interações em busca de sinais que indiquem se os principais interesses estão sendo atendidos ou não. Claramente, há uma importância evolutiva na associação com o grupo certo, em ter autonomia suficiente para nos defendermos e em dispor de um status social que não ameace pessoas que possam nos ferir ou matar. As emoções nos notificam sobre o resultado desse processo.

Use os Principais Interesses como Alavanca

Você pode usar os principais interesses proativamente para definir um determinado tom emocional, mas e se a outra pessoa estiver de mau humor? Há evidências de que é possível anular — ou "desfazer" — os efeitos das emoções negativas com emoções positivas (p. ex., veja B. Fredrickson e R. Levenson, 1998, "Positive Emotions Speed Recovery from the Cardiovascular Sequelae of Negative Emotions", *Cognition and Emotion*, 12 [2], p. 191–220).

Além disso, as emoções são contagiosas (veja, p. ex., E. Hatfield, J. T. Cacioppo e R. L. Rapson, 1993, "Emotional Contagion", em *Current Directions in Psychological Science*, 2 [3], p. 96–99). Às vezes, "pegamos" o humor de outra pessoa, o que geralmente ocorre de forma inconsciente. Ficamos tristes quando conversamos com uma pessoa deprimida, mas sorrimos automaticamente quando vemos o sorriso de um bebê. O contágio emocional nos oferece uma oportunidade: podemos despertar emoções positivas em nós mesmos para viabilizar a transmissão do nosso entusiasmo para o outro negociador.

3 EXPRESSE SEU APREÇO: IDENTIFIQUE O MÉRITO NOS PENSAMENTOS, SENTIMENTOS E AÇÕES DAS PESSOAS — E DEMONSTRE ISSO

Apreço: Um Principal Interesse de Mil e Uma Utilidades

Para aprender mais sobre o poder do apreço, recomendamos a leitura das pesquisas de John Gottman, professor do Departamento de Psicologia da Universidade de Washington, em Seattle. Durante muitos anos, ele e seus colegas estudaram uma das relações sociais mais complexas: a dos parceiros conjugais (veja J. Gottman e N. Silver, *The Seven Principles for Making Marriage Work*, Nova York: Three Rivers Press, 1999).

No seu "laboratório do amor", Gottman conecta recém-casados a vários dispositivos para registrar sua fisiologia, suas expressões faciais, suas palavras e seus movimentos nas cadeiras. Ele pede a cada casal que passe 15 minutos discutindo sobre algum ponto divergente. Depois, ele analisa a gravação da interação com cada parceiro e lhe pergunta quais foram suas emoções.

Gottman consegue prever — com uma precisão superior a 90% — os casais que se divorciarão nos anos subsequentes. Um fator essencial para o divórcio é a incapacidade de demonstrar apreço. Em casamentos estáveis, a proporção entre interações positivas e negativas é de cinco para uma durante um desentendimento. Os parceiros compartilham, pelo menos, cinco interações positivas — sorrindo, demonstrando apreço e fazendo piadas amistosas — para cada comentário mordaz, observação arrogante e olhar agressivo. Em casamentos instáveis, a proporção fica em cerca de uma interação positiva para cada interação negativa.

A pesquisa de Gottman comprova nossa ideia de que iniciar uma negociação em um tom positivo é muito eficaz (J. M. Gottman, J. Coan, S. Carrere e C. Swanson, "Predicting Marital Happiness and Stability from Newlywed Interactions", *Journal of Marriage and the Family*, 1998, 60, p. 5–22). Em 96% dos casos estudados, as conversas iniciadas em um tom positivo mantiveram esse tom; já as conversas que começaram de forma negativa tenderam a permanecer assim. Esses achados apontam que, mesmo em relacionamentos contínuos, estabelecer um tom positivo em uma negociação pode melhorar o teor emocional da discussão como um todo.

A pesquisa de Gottman também reforça a prioridade atribuída pelo *Além da Razão* aos principais interesses no lugar das emoções. A complexidade do paradigma de pesquisa dele é quase tão impressionante quanto seus resultados. Para melhor compreender as experiências de cada parceiro, Gottman extrai uma quantidade incrível de dados, da expressão facial à pressão arterial, do nível de suor à linguagem corporal. Esses dados são analisados por meio de cálculos sofisticados e computadores. Em uma negociação, seria muito difícil abordar questões substantivas e processuais e, ao mesmo tempo, observar todos os pontos de dados registrados.

O Institute of HeartMath também realiza pesquisas sobre o poder do apreço. Seus estudos revelam uma ligação entre um estado de apreço contínuo e uma melhoria na capacidade e no desempenho cognitivo. Os resultados apontam que raramente há coerência fisiológica — um padrão de sincronia eficiente entre o coração, o cérebro e os respectivos sistemas fisiológicos — em intervalos contínuos. Uma exceção ocorre quando a pessoa entra em um estado de apreço sincero. Nesse caso, há uma redução dos sintomas da ansiedade, do estresse e dos níveis de cortisol e uma melhoria no desempenho cognitivo. (Veja R. McCraty e D. Childre, "The Grateful Heart: The Psychophysiology of Appreciation", em R. A. Emmons e M. E. McCullough, eds., *The Psychology of Gratitude*, Nova York: Oxford University Press, 2004, p. 230–55.)

Três Elementos que Expressam o Apreço

Nossa noção de apreço está intimamente ligada a uma ideia de Carl Rogers conhecida como "compreensão empática", um processo que consiste em ficar atento, de modo ativo e objetivo, às emoções, aos valores e às opiniões de uma pessoa. Para Rogers, devemos escutar o ponto de vista da outra pessoa como se fosse o nosso, tentando identificar o mérito e a legitimidade dessa visão. Ele também destaca a importância de comunicar nossa compreensão sobre a perspectiva da outra pessoa — e confirmar a precisão da nossa avaliação — por meio de paráfrases. (Veja C. Rogers, *On Becoming a Person*, Boston: Houghton Mifflin, 1961.)

Fique Atento às "Metamensagens"

A hipótese de que sentimos emoções sobre emoções remonta a, pelo menos, 1964, quando Tomkins e McCarter abordaram o "afeto sobre o afeto". (Veja "What and Where Are the Primary Affects? Some Evidence for a Theory", *Perception Motor Skills*, 18, p. 119–58). Para obter informações práticas sobre metamensagens, leia o Capítulo 5 do excelente livro *Messages: The Communication Skills Book* (M. McKay, M. Davis e P. Fanning, Oakland, CA: New Harbinger Publications, 1995).

Experimente o Exercício de Inversão de Papéis

O exercício de inversão de papéis consiste em se colocar no lugar do outro negociador para superar o "erro fundamental de atribuição" (segundo o termo cunhado pelo psicólogo Lee Ross, de Stanford). O erro fundamental de atribuição sugere que, quando julgamos uma pessoa, tendemos a atribuir um peso maior ao seu "tipo" social do que às pressões sociais que atuam sobre ela. Por isso, cometemos erros quando explicamos a causa do comportamento das pessoas. Achamos que o comportamento grosseiro do outro negociador resulta do seu temperamento, quando, na verdade, ele é um indivíduo moderado que, infelizmente, teve uma grande briga com a esposa naquela manhã. (Para mais informações sobre o erro fundamental de atribuição, veja L. Ross, "The Intuitive Psychologist and His Shortcomings: Distortions in the Attribution Process", em L. Berkowitz, ed., *Advances in Experimental Social Psychology*, v. 10, Nova York: Academic Press, 1977.)

4 CONSTRUA SUA ASSOCIAÇÃO: TRANSFORME ADVERSÁRIOS EM COLEGAS

No campo da psicologia social, Baumeister e Leary analisaram os estudos sobre a "necessidade de pertencer" (R. Baumeister e M. Leary, "The Need to Belong: Desire for Interpersonal Attachments as a Fundamental Human Motivation", em *Psychological Bulletin*, 1995, 117[3], p. 497–529). Com base nessa análise extensa da literatura sobre o tema, eles concluíram que:

- Existe uma causa fundamental para a criação de laços;
- As pessoas criam laços mesmo que não haja vantagem material nisso;
- Há uma relação entre emoções fortes e negativas e laços desfeitos;
- Os laços estáveis produzem emoções positivas e substâncias químicas semelhantes ao ópio no cérebro; e
- As pessoas sem laços estáveis tendem a apresentar níveis mais altos de doenças mentais e físicas e uma propensão maior a problemas comportamentais, de acidentes de trânsito a suicídio.

No campo da neurociência, as evidências apontam para uma ligação entre laços desfeitos e emoções negativas. Naomi Eisenberger e seus colegas demonstraram que a dor da rejeição social é registrada na mesma área do cérebro que a dor física (isto é, no córtex cingulado anterior). Segundo o estudo, "a função neurocognitiva da dor social é análoga à da dor física, alertando quando ocorrem danos em nossas conexões sociais a fim de permitir a tomada de medidas restaurativas". (N. Eisenberger, M. Lieberman e K. Williams, "Does Rejection Hurt? An fMRI Study of Social Exclusion", *Science*, v. 302, 10 de outubro de 2003.)

Conexões Estruturais

A tendência ao favorecimento do "nosso grupo" surge até nas condições mais simples. Em um estudo, os participantes eram informados de que haviam sido designados aleatoriamente para um grupo. Eles inclusive viam como o grupo de cada um deles tinha sido sorteado. Mas, apesar da distribuição arbitrária, os participantes demostravam uma preferência pelos membros do seu grupo. (Veja A. Locksley, V. Ortiz e C. Hepburn, 1980, "Social Categorization and Discriminatory Behavior: Extinguishing the Minimal Intergroup Discrimination Effect", *Journal of Personality and Social Psychology*, 39 [5], p. 773–83. Confira também M. Billig e H. Tajfel, 1973, "Social Categorization and Similarity in Intergroup Behavior", *European Journal of Social Psychology*, 3 [1], p. 27–52.).

Tajfel desenvolveu a noção de "teoria da identidade social", sugerindo que os membros de um grupo querem aumentar sua autoestima diferenciando o grupo em questão, de forma positiva e em uma dimensão valorizada, em relação a um grupo de comparação. A identidade das pessoas fica ligada à sua participação no grupo. (Ver H. Tajfel e J. C. Turner, "The Social Identity Theory of Intergroup Behavior", em S. Worchel e W. G. Austin, eds., *Psychology of Intergroup Relations*, Chicago: Nelson-Hall, 1986.)

Kurt Lewin, pioneiro na psicologia social, conduziu uma pesquisa sobre o poder das conexões estruturais ("Group Decision and Social Change", em T. M. Newcomb e E. L. Hartley, eds., *Readings in Social Psychology*, Nova York: Henry Holt, 1947). Um dos seus estudos clássicos, realizado durante a Segunda Guerra Mundial, investigou os fatores que persuadiam as donas de casa a cozinharem vísceras. Em um caso, as donas de casa participavam de uma palestra sobre a guerra e os benefícios à saúde associados às vísceras. Depois, apenas 3% das donas de casa relataram que cozinharam o produto. Em outro caso, um grupo de mulheres foi orientado a discutir se "donas de casa como elas" poderiam ser induzidas a cozinhar vísceras. Depois, quase um terço das participantes apontaram que haviam cozinhado o produto. Aparentemente, a conexão estrutural associada às "donas de casa" e ao apoio oferecido às "donas de casa como elas" aumentou a disposição das participantes para cozinhar vísceras.

Conexões Pessoais

É difícil estabelecer conexões pessoais. As sensações de proximidade e distância se alternam. A dificuldade está em chegar a uma distância emocional ideal, como no exemplo dos porcos-espinhos, adaptado de uma fábula escrita por Arthur Schopenhauer em *Parerga e Paralipomena:* Short Philosophical Essays, 4ª ed., v. ii § 396 (Oxford: Clarendon Press, 1974). Confira a pesquisa de Baxter para aprender mais sobre essa tensão entre ser aberto ou fechado. (Por exemplo, veja L. Baxter, "A Dialectical

Perspective on Communication Strategies in Relationship Development" em S. Duck, ed., *Handbook of Personal Relationships: Theory, Research, and Interventions*, Chichester, RU: Wiley, 1988, p. 257–73.)

5 RESPEITE A AUTONOMIA: AMPLIE A SUA (E NÃO RESTRINJA A DAS OUTRAS PESSOAS)

O Que É Autonomia?

Para aprender mais sobre as pesquisas e as teorias em torno da autonomia, confira o trabalho de Edward Deci (*The Psychology of Self-Determination*, Lexington, MA: Lexington Books, 1980). Para o autor, a "vontade" é a capacidade de escolher como satisfazer nossas necessidades. A autodeterminação (ou "autonomia", como escrevemos aqui em *Além da Razão*) consiste na utilização dessa vontade.

Amplie sua Autonomia

Pesquisas apontam que, às vezes, subestimamos nosso nível de autonomia. Falhar reiteradamente na execução de uma tarefa nos deixa paralisados emocionalmente e passivos. Alguns experimentos demonstram que as pessoas ficam deprimidas quando percebem que não têm controle sobre seus destinos (M. Seligman, *Helplessness: On Depression, Development, and Death*, 2ª ed., São Francisco: W. H. Freeman, 1991). Em outras palavras, elas não têm autonomia sobre suas vidas.

O "desamparo aprendido" ocorre quando aceitamos péssimas condições de vida apesar de termos autonomia para melhorar nossa situação. Aprendemos a ser desamparados. O desamparo aprendido foi observado pela primeira vez durante experimentos em que animais recebiam choques elétricos e eram amarrados para não fugirem. Quando eram soltos e tinham oportunidade de evitar a descarga, muitos aceitavam passivamente o choque. (M. Seligman e G. Beagley, 1975, "Learned Helplessness in the Rat", *Journal of Comparative and Physiological Psychology*, 88[2], p. 534–41.)

A abordagem de Albert Bandura à questão da autonomia é semelhante. Sua pesquisa sobre "autoeficácia" aponta que nossos pensamentos ditam os limites das nossas capacidades (A. Bandura, *Self-Efficacy: The Exercise of Control*, Nova York: Freeman, 1997). A convicção de que somos competentes e capazes de resolver algo — como um problema de matemática ou uma negociação difícil — incrementa nosso desempenho, nossa motivação e nosso comprometimento com a tarefa em questão.

Não Restrinja a Autonomia das Outras Pessoas

Pesquisas revelam que, quando alguém interfere em nossa autonomia, podemos passar por uma "reatância psicológica" (J. Brehm, *A Theory of Psychological Reactance*, Nova York: Academic Press, 1966). Isso geralmente ocorre quando achamos que temos várias opções de ação — e alguém elimina ou ameaça eliminar uma dessas escolhas. A partir de agora, talvez esse comportamento seja mais recorrente do que nunca!

Use o Sistema de Baldes ICN

O Sistema de Baldes foi desenvolvido por Mark Gordon, um conselheiro sênior do Harvard Negotiation Project. Para conhecer abordagens semelhantes à tomada de decisões, confira *Leadership and Decision-Making*, de Victor Vroom e Philip Yetton, Pittsburgh: University of Pittsburgh Press, 1973; veja também *Power Up*, de David Bradford e Allan Cohen, Nova York: John Wiley & Sons, Inc., 1998.

6 RECONHEÇA O STATUS: VALORIZE AS POSIÇÕES DE DESTAQUE QUANDO MERECIDAS

O Status Pode Ampliar Nossa Estima e Influência

Vários teóricos acreditam que somos movidos por status. Muitos anos atrás, Alfred Adler propôs que todos nascemos com um senso de status inferior. Somos jovens. Nossos pais são mais velhos e mais sábios. Com o tempo, a inferioridade excessiva pode se tornar um "complexo de inferioridade". Para superar os sentimentos de inferioridade, Adler apontou que somos motivados por uma "busca pela superioridade", que orienta nossos pensamentos, ações e emoções (*The Education of Children*, Chicago: Allen e Unwin, 1930).

A teoria de Adler lançou as bases da pesquisa contemporânea sobre as emoções. Kemper encontrou uma ligação entre o status e as emoções (T. Kemper, "Social Models in the Explanation of Emotions", em Michael Lewis e Jeannette M. Haviland-Jones, eds., *Handbook of Emotions*, 2ª ed., Nova York: The Guilford Press, 2004). Por sua vez, o trabalho de John Gottman com casais demonstra a intensa nocividade do desprezo para a saúde de um casamento (veja *Why Marriages Succeed or Fail: And How You Can Make Yours Last*, Nova York: Simon & Schuster, 1995). Segundo Nico Frijda, "o desprezo consiste em avaliar uma pessoa com um valor tão baixo a ponto de desqualificá-la para participar na interação social como um igual, sabendo que a pessoa em questão acha que está em termos iguais" ("Emotions and Action", em *Feelings and Emotions: The Amsterdam Symposium*, Antony S. R. Manstead, Nico Frijda e Agneta Fischer, eds., Cambridge: University of Cambridge, 2004, p. 167–68).

Não É Necessário Competir por Status

Nossa noção de "múltiplas áreas de status" remonta à obra de Adam Smith. Para esse autor, o bem-estar individual aumenta quando as pessoas se especializam em uma área específica e promovem trocas com outros indivíduos com diferentes especialidades. (Veja Adam Smith, *An Inquiry into the Nature and Causes of the Wealth of Nations*, Londres: Methuen and Co., 1776.) Em uma negociação, os envolvidos podem se beneficiar mutuamente das suas especialidades e experiências.

Conheça os Limites do Status

Vários estudos ilustram nosso conceito do "transbordamento de status". Por exemplo, confira o trabalho de Cohen e David, que promoveram debates e estudos de caso envolvendo erros médicos associados a pessoas que seguiram — sem questionar — as orientações de um indivíduo com maior status aparente, mesmo quando essas recomendações eram incoerentes (M. Cohen e N. Davis, *Medication Errors: Causes and Prevention*, Filadélfia: G. F. Stickley Co., 1981).

7 ESCOLHA UMA FUNÇÃO GRATIFICANTE — E SELECIONE SUAS ATIVIDADES

Sugerimos que um papel gratificante não é encenado nem simulado, o que ficou evidente na negociação entre Lord Caradon e o vice-chanceler Kuznetsov por ocasião da Resolução 242. As informações citadas nesse exemplo vêm de duas fontes. Lord Caradon escreveu um livro fascinante sobre sua experiência, *U.N. Security Council Resolution 242: A Case Study in Diplomatic Ambiguity*, Lord Caradon, Arthur Goldberg, Mohamed El-Zayyat e Abba Eban, Washington, D.C.: Institute for the Study of Diplomacy, Edmund A. Walsh School of Foreign Service, Georgetown University, 1981. Outros elementos da história foram coletados durante conversas entre Roger Fisher e Lord Caradon.

Nossa noção de "papel gratificante" está intimamente ligada ao trabalho de Viktor Frankl. Em seu livro *Man's Search for Meaning* (Nova York: Simon & Schuster, 1984), ele descreve como conseguiu encontrar sentido em sua experiência enquanto vivia em um campo de concentração na Alemanha nazista. Segundo esse autor, temos uma "vontade de sentido", uma disposição para encontrar e atribuir significado e propósito às nossas vidas.

Um papel gratificante também nos ajuda a entrar no "fluxo" da tarefa em questão. Aqui, fomos influenciados por Mihaly Csikszentmihalyi, um estudioso da experiência do "fluxo" (*Flow: The Psychology of Optimal Experience*, Nova York: Harper & Row, 1990). Segundo esse autor, o fluxo é "o estado que ocorre quando as pessoas estão tão envolvidas em uma atividade que nada mais parece importar; a experiência em si é tão agradável que as pessoas a procuram a qualquer preço, pelo simples prazer de realizá-la".

8 LIDANDO COM EMOÇÕES FORTES E NEGATIVAS: PREPARE-SE, POIS ELAS OCORREM

Para demonstrar os problemas causados pelas emoções fortes durante as negociações, citamos logo no início do capítulo o exemplo da Burger Brothers. Esse caso se baseia em uma situação parecida que ocorreu com uma empresa listada na Fortune 500 em outro setor. Os nomes dos indivíduos e da empresa e o contexto do exemplo foram alterados para preservar a identidade de todos.

Como vimos no Capítulo 1, é difícil para o negociador monitorar cada emoção no momento em que ela acontece. Mas pesquisas apontam que as pessoas são bastante eficazes em reconhecer expressões de emoções fortes (confira a página 76 do livro de Ekman, *Emotions Revealed,* Nova York: Henry Holt, 2003). Como as emoções fortes e negativas impõem uma série de desafios complexos para o negociador, este capítulo prescreve uma abordagem específica para elas.

Emoções Fortes e Negativas Podem Atrapalhar a Negociação

Daniel Shapiro usa o termo "vertigem" para descrever a redução cognitiva e o efeito "estonteante" das emoções fortes sobre as pessoas. Para saber mais sobre a aplicação dessa ideia à resolução de conflitos, veja o capítulo escrito por D. L. Shapiro e V. Liu, "The Psychology of a Stable Peace", em M. Fitzduff e C. Stout, eds., *The Psychology of Resolving Global Conflicts: From War to Peace*, 2005.

Para saber mais sobre o papel das emoções negativas nas suas interações sociais, leia o livro *Inteligência Emocional* de Daniel Goleman (citado anteriormente). Nessa obra, o autor explica como o "cérebro emocional" (amígdala) pode anular o "cérebro que pensa" (neocórtex).

Prepare um Plano de Emergência para o Caso de Sentir Emoções Negativas

Recentemente, Joseph LeDoux fez uma descoberta incrível no campo da neuropsicologia das emoções. (Veja *O Cérebro Emocional: Os Misteriosos Alicerces da Vida Emocional*, Londres: Weidenfeld & Nicolson, 1998.) Quando as informações entram no cérebro através dos olhos e ouvidos, elas nem sempre vão primeiro para o "cérebro que pensa". Antes, elas são "triadas" por uma estrutura chamada tálamo. Quando reconhece informações emocionais — como riscos iminentes à segurança física —, o tálamo imediatamente envia um sinal para o cérebro emocional. Como resultado, você começa a reagir emocionalmente antes de analisar a situação. Você recua automaticamente quando vê uma serpente enrolada, pronta para dar o bote. No entanto, quando as informações vão primeiro para o cérebro emocional, você pode acabar dizendo ou fazendo algo lamentável.

No caso das emoções fortes, muitas vezes elas ainda nos afetam durante um tempo mesmo que o problema tenha sido resolvido. Depois de ver a cobra e recuar, você pode se sentir ansioso por uma ou duas horas. Quando você discute com alguém da sua família, pode ficar chateado mesmo depois de ter resolvido a questão.

As emoções fortes e seus efeitos residuais prejudicam nossa capacidade de acessar as informações que se contrapõem aos pensamentos, sentimentos e tendências à ação de fundo emocional. Após a dissolução do efeito residual, passamos a ver a situação por um novo ângulo. Portanto, sugerimos técnicas de relaxamento ou uma pausa caso as emoções fiquem muito intensas.

Relaxe e Tranquilize as Outras Pessoas

Para conhecer uma abordagem bem fundamentada ao relaxamento da mente/corpo, leia a obra de Herbert Benson. Comece pelo clássico *The Relaxation Response* (H. Benson com M. Klipper, HarperCollins: Nova York, 2000).

Defina um Propósito

Muitas pesquisas apontam as limitações do desabafo. Para mais informações, recomendamos o livro de Eileen Kennedy-Moore e Jeanne C. Watson *Expressing Emotion: Myths, Realities, and Therapeutic Strategies* (Nova York: Guilford Press, 1999) e o livro de Carol Tavris *Anger: The Misunderstood Emotion* (Nova York: Simon & Schuster, 1989).

Em geral, as emoções fortes e negativas surgem durante conversas difíceis. Enquanto escrevíamos o *Além da Razão*, tivemos a sorte de receber contribuições dos autores do livro *Difficult Conversations: How to Discuss What Matters Most* (Douglas Stone, Bruce Patton e Sheila Heen, Nova York: Viking, 2000). A obra traz recomendações para lidar com as três camadas de uma conversa difícil: o conteúdo, os sentimentos e as questões relacionadas à identidade.

APÊNDICE

A seguir, indicamos alguns dos muitos recursos disponíveis para aprofundar seus conhecimentos sobre negociação. Roger Fisher, William Ury e Bruce Patton descrevem as etapas da negociação baseada em interesses em *Como Chegar ao Sim: Como Negociar Acordos Sem Fazer Concessões* (Nova York: Penguin, 1991). Bruce Patton descreve os "Sete Elementos da Negociação" no capítulo "Negotiation", em *The Handbook of Dispute Resolution*, M. L. Moffitt e R. C. Bordone, eds. (São Francisco: Jossey-Bass, 2005). Leigh L. Thompson analisa e sintetiza os estudos sobre negociação em *O Negociador* (3ª ed., Upper Saddle River, NJ: Pearson Prentice Hall, 2005). Max Bazerman e Margaret Neale descrevem os erros comuns dos negociadores e fazem recomendações para evitar esses lapsos (veja *Negotiating Rationally*, Nova York: Free Press, 1993).

Para as negociações que envolvem agentes, como as jurídicas e as empresariais, Robert Mnookin, Scott Peppet e Andrew Tulumello propõem uma estrutura com "três tensões": entre o principal envolvido e o agente, entre empatia e assertividade e entre a criação e a distribuição de valor (veja *Beyond Winning: Negotiating to Create Value in Deals and Disputes*, Cambridge, MA: Belknap Press of Harvard University Press, 2000). Deborah Kolb analisa a negociação com foco nas relações de gênero (confira o livro dela, escrito em parceria com Judith Williams, *Everyday Negotiation: Navigating the Hidden Agendas in Bargaining*, São Francisco: Jossey-Bass, 2003). Lax e Sebenius descrevem uma articulação teórica e orientações para negociações em *The Manager as Negotiator: Bargaining for Cooperation and Competitive Gain* (D. Lax e J. Sebenius, Nova York: Free Press, 1986). Para aprender mais sobre a formação de consensos, confira o *Consensus Building Handbook: A Comprehensive Guide to Reaching Agreement* (L. Susskind, S. McKearnan e J. Thomas-Larmer, Thousand Oaks, CA: Sage Publications, 1999). Para conhecer uma abordagem analítica à negociação, leia *Negotiation Analysis: The Science and Art of Collaborative Decision Making* (Howard Raiffa com John Richardson e David Metcalfe, Cambridge, MA: Belknap Press, 2003). Para uma análise da literatura mais recente sobre negociação, leia "Negotiation" (M. H. Bazerman, J. R. Curhan, D. A. Moore e K. L. Valley, 2000, *Annual Review of Psychology*, 51, p. 279–314).

Para uma visão geral sobre a resolução de conflitos, confira o *The Handbook of Conflict Resolution: Theory and Practice*, Morton Deutsch e Peter Coleman, eds. (São Francisco: Jossey-Bass, 2000). Para uma análise das várias formas de resolução de conflitos, leia o *Dispute Resolution: Beyond the Adversarial Model* (Carrie J. Menkel-Meadow, Lela Porter Love, Andrea Kupfer Schneider e Jean R. Sternlight, Aspen, CO: Aspen Publishing, 2004). Um livro muito popular sobre negociação é o *Essentials of Negotiation* (Roy J. Lewicki, Bruce Barry, David M. Saunders e John W. Minton, 3ª ed. Nova York: McGraw-Hill, 2003).